周雲煒 ————— 著

他還小？
不懂事

放手讓孩子練習選擇，
並為自己的選擇負責

競爭力並非與生俱來，而是透過後天培養所得

決斷力×自制力×創造力×學習力×社交力×競爭力

孩子的身心發展到一定程度後，便已具備
獨立解決問題的生理、心理條件，若家長
逕自剝奪孩子鍛鍊的機會，就會在無形中
扼殺孩子獨立處理問題的能力。

目錄

目錄

目錄

第八章　培養孩子的理財能力

第九章　培養孩子的社交能力

第十章　培養孩子的堅強意志

第十一章　培養孩子的競爭力

目錄

前　言

　　成功人士所擁有的非凡成就並非偶然，與他們核心競爭力
有著密切關係。所謂核心競爭力，即自己擅長的、其他人不具
備或比對手更優秀的競爭力。核心競爭力是一個人在社會上生
存能力、搶占資源能力的衡量指標，核心競爭力強的人才可穩
占社會中的高位，進而讓生活更加優質、穩定，獲得從容。

　　孩子有了核心競爭力之後，日後的發展就有了保障，因為
核心競爭力是能夠幫助他獲得信心的源頭、成長的根本。

　　自古就有「窮人的孩子早當家」的說法，其實際意義並不是
說生活窮苦的孩子就會比較早當家，而是說，窮人家的孩子對
父母的依賴更少，更有機會獨自面對、處理事情，自立的能力
也就更強，在競爭的過程中能夠占據一定的優勢。等到他們長
大時，應對上級分配的任務時，哪怕是初次接觸的任務，也不
會膽怯、懼怕，相反，多數時候，他們都能夠做得非常出色，
在競爭對手雲集的公司突出自己。

　　從小鍛鍊孩子的核心競爭力，讓他們在人群之中脫穎而
出，能夠在眾人爭一杯羹的時候運用巧妙的方法先人一步；在

眾多應聘者中一眼被領導者看重……競爭力對於社會的進步、個人的進步來說都是有益的。

很多家長對「孩子的核心競爭力」感到迷惑，甚至不清楚何為「孩子的核心競爭力」，以為所謂的「核心競爭力」無非是讓孩子表現得很強勢。其實不然，核心競爭力表現在各個方面，包括自制力、責任心、感恩的心、分享意識等。

當然了，這些能力並不需要太過刻意培養，潛移默化的影響會帶來意想不到的效果。比如：家長的模範作用，每個孩子都喜歡模仿父母的言行，而這種做法對於孩子品格的培養來說尤為重要，父母的言行舉止中展現出各種能力、素養、品德，孩子的言行舉止自然也會展現出這些優點。

如今這個社會，培養孩子的核心競爭力主要取決於家長肯不肯「放手」。現在的孩子被溺愛、被寵壞，使孩子們邁不開獨自前行的腳步。為了避免孩子受傷害，家長甚至剝奪了孩子體驗生活的權利，這樣做是不對的，要知道，膽怯、懦弱，不能獨立處事的人是成不了大事的，在面對競爭對手時甚至會「腿軟」，輸在起跑點上。家長一定要懂得「放手」。

還有一點貫穿全書的內容，那就是鼓勵。對於孩子來說，金錢、利益是次要的，而糖果、鼓勵占據主要地位。對於孩子的每一點進步，家長都應當給予相對的肯定和鼓勵，這對於孩子品格的培養和進步有至關重要的作用。

本書對於培養孩子核心競爭力有關的各方面知識均有詳細介紹，從小對孩子進行培養，把握好現在，才能讓孩子擁有更加輝煌的未來。

前言

序言　培養孩子核心競爭力的
重要性

　　每個人都希望自己的孩子長大之後能有所作為，可以在某些事情上取得成功，能夠成為受人尊敬的人，但是，想成為這樣人的前提就是具備核心競爭力。核心競爭力是一個人才應當擁有的綜合素養，它決定著這個人能否走向成功。

　　現在，家長們常常會聽到類似「現在的大學生就業壓力越來越大」的說法，的確，現代的大學生比例大、職業素養卻不高，使得他們空有一肚子知識卻無處用，而這也與這些大學生從小接受的教育有關。

　　一個人擁有的核心競爭力並非與生俱來的，而是透過後天培養所得，成功人士們展現出的一系列素養：能力、特性、勇氣、智慧、判斷力、想像力、自制力等都足以讓人相信，他就是與生俱來的勝者。

　　其實，「天生」這個詞並沒有那麼可靠，即便我們的孩子先天資質不足，我們也可以透過後天的一系列訓練幫助孩子擁有

在社會立足的根本 —— 核心競爭力。

有了核心競爭力之後，孩子在應當各種競爭的時候都會表現得從容、淡定，更容易在競爭的過程中取勝。

那麼如何培養孩子的核心競爭力才可以最大化提升孩子的競爭力呢？怎麼樣才能最優化配置孩子自身特有天賦優勢、資源，形成屬於他們自己的核心競爭力，讓他們在日後的競爭中得心應手？

本書的內容就是在針對如何培養孩子的核心競爭力做相關探討，讓家長們更清楚的認識到培養孩子核心競爭力的重要性，以及對孩子後天發展的影響。

孩子自我控制能力測試

日常生活中，家長應當注意培養孩子的自制力，因為自制力也是領導者必備的素養之一，自我控制能力強的人能夠抵禦多種誘惑，直往目標。

【測試題】

1. 在遊戲活動中孩子是否覺得身體很靈活？
2. 看到別的孩子有新玩具，是否一定要父母給自己也買一個？
3. 是否可以較長時間的思考一個問題？

4. 對於自己熟悉的事是否能很快完成？

5. 碰到燙的東西是否能敏捷的縮手？

6. 是否寧願放棄一部分玩的時間多學些其他知識？

7. 是否可以在很餓的情況下等爸爸媽媽都坐好之後一同吃飯？

8. 吃飯時是否總是先將自己喜歡的吃完，最後剩下自己不喜歡吃的飯、菜？

9. 是否經常玩樂直到筋疲力盡？

10. 是否常常能忍住不發火？

11. 四肢是否能伸展自如、不僵硬？

12. 跳舞時，動作是否協調？

13. 高興起來是否很難平靜下來？

14. 對於較難的問題，是否能花更多時間去思考，之後再動手做？

15. 寫作業時，是否能想清楚後再動筆？

16. 孩子花時間學知識是否為的是得到父母表揚？

17. 是否每天都覺得過得很高興？

18. 有兩樣都喜歡的東西而只能選一樣時，是否會覺得很難做選擇？

19. 如果不答應孩子的要求，他是否會大哭大鬧。

20. 你的孩子是否相信自己在面對一個難題時能很快做

出解答？

以上各題，選擇「是」可以得 1 分，選擇「否」不得分。將各題分數相加，算出總分。

0～5 分：表示孩子的自我控制力弱。可能是因為孩子大腦發育水準、日常行為習慣不良等導致的。

處在這一分數段的孩子控制差的方面包括行為、情緒、認知活動能力。也就是說，孩子可能缺乏高級運動能力，很難完成某些精細運動；或是缺乏情緒控制力，很難控制自己的情緒，常常大聲哭鬧，產生偏激情緒；或缺乏思維控制力，難以估計出自己完成某項思維活動所需的時間、步驟。

5～10 分：表示孩子自我控制力較弱。可能是孩子大腦發育水準或日常行為習慣不良導致的。

處在這一分數段的孩子缺乏自我控制行為、情緒、認知活動的能力。孩子可能較為缺乏高級運動能力，很難很好的完成某些精細運動；或是較缺乏情緒控制力，不能較好的控制自己的情緒，有時會大聲哭鬧，產生偏激情緒；或者較為缺乏思維控制力，難以比較準確的估計出自己完成某項思維活動所需的時間、步驟。

11 ～ 15 分：表示孩子的自我控制力較強。其大腦發育水準、日常行為習慣較好。

處在這一分數段的孩子可以較好的控制自己的行為、情緒、認知活動能力。孩子擁有很好的運動能力，能夠完成某些精細運動；具有很不錯的情緒控制能力，可以很好的控制自己的情緒，不會出現過度偏激的情緒；擁有很好的思維控制力，可以準確估計出自己完成一項思維活動所需的時間、步驟，具有較成熟的自我控制能力。

16 ～ 20 分，表示孩子的自我控制能力非常強，孩子的大腦發育水準、日常行為習慣非常好。

處在這個分數段的孩子可以很好的控制自己的行為、情緒和認知活動能力。孩子的運動能力非常強，可以自行完成多數精細運動；情緒控制能力非常強，完全可以控制自己的情緒，不會出現太過偏激的情緒；思維控制能力非常好，能準確估計出自己完成某項任務所需的時間和步驟，自我控制能力非常成熟。

孩子自信能力測試題

每個孩子都有其優秀的一面，家長要善於從不同的角度對孩子進行觀察，學會以欣賞的眼光看孩子，只有這樣才能培養

序言 培養孩子核心競爭力的重要性

孩子的自信。那麼，你的孩子是否擁有足夠的自信呢？我們有這樣一個測試題，可以客觀的反映孩子的自信能力。

【測試題】

1. 孩子是否能清楚的說出自己的優缺點：

   A. 經常　　B. 偶爾　　C. 根本不能

2. 孩子是否常常與人比較衣著、玩具等：

   A. 經常　　B. 偶爾　　C. 從不

3. 孩子在陌生環境中是會變得拘謹：

   A. 經常　　B. 偶爾　　C. 從不

4. 老師是否會反映孩子在課堂中很少積極舉手發言：

   A. 經常　　B. 偶爾　　C. 從不

5. 孩子在面對考試時是否覺得緊張：

   A. 經常　　B. 偶爾　　C. 從不

6. 孩子對自己的外表是否滿意：

   A. 滿意　　B. 一般　　C. 不滿意

7. 被批評後，孩子是否會感到很難過：

   A. 會　　B. 一般　　C. 不會

8. 發表的言論被質疑後孩子是否會變得沉默：

   A. 會　　B. 一般　　C. 不會

9. 在遇到挫折時孩子是否立即垂頭喪氣：

   A. 是　　B. 一般　　C. 否

10. 孩子被同學欺負時，是否不敢作聲：

    A. 是   B. 有時候會 C. 否

11. 孩子是否覺得自己非常能幹：

    A. 是   B. 一般   C. 否

12. 孩子在眾人面前發言、表演時是否會覺得不自在：

    A. 是   B. 一般   C. 否

13. 孩子是否懼怕挑戰艱巨的任務：

    A. 是   B. 偶爾   C. 否

14. 孩子和同學發生衝突時，是否會生氣甚至攻擊對方：

    A. 會   B. 偶爾   C. 否

15. 孩子是否會在下定決心做某件事之後堅持到底：

    A. 會   B. 一般   C. 否

16. 孩子是否常常將責任推卸到他人身上，而不敢承擔錯誤：

    A. 是   B. 偶爾   C. 否

17. 孩子是否能夠果斷做出決定：

    A. 是   B. 一般   C. 否

18. 孩子是否可以耐心聽取他人的意見：

    A. 是   B. 一般   C. 否

第 1、6、11、15、17、18 題選 A 者得 2 分，選 B 者可得 1 分，選 C 者可得 0 分；第 2、3、4、5、7、8、9、10、12、

13、14、16 題，選 A 者得 0 分，選 B 者可得 1 分，選 C 者可得 2 分，將上述所得結果加在一起，即可得出孩子的自信指數。

得分總和 ≧ 28

　　表明孩子非常自信，說明父母平時為孩子創造了非常好的成長環境。很多心理研究顯示，自信是非常重要的品格，它與孩子將來的成功、幸福有密切關係。但是提醒父母們注意，如果孩子在未知領域中過度自信，或者由於過於堅持己見而不願承認錯誤等，都不是真正的自信。有效的自信訓練，能夠幫助孩子形成正確、合理的自信，獲得屬於自己的成功、幸福。

得分總和在 21 ～ 27 分之間

　　表示您的孩子可能在以下幾方面展現出了自己的自信力，如能夠堅持己見、樂觀看待挫折、正視自己的優點和不足等。但是想更加自信，還要繼續努力、進步，變得更自信能夠讓孩子擁有健康、成功、友誼。在家長的帶領下，幫助孩子參與自信訓練，能夠幫助孩子建立良好的自信，還能夠使其很好的適應以後的學習、工作。

得分總和在 14 ～ 20 分之間

　　說明孩子的自信力還有待提升，雖然在某些方面表現出了自己的自信，但更多的時候自信力還是比較薄弱的，家長應當

多帶孩子進行自信訓練，以逐漸提高孩子的自信，為孩子擁有十足的自信心做準備。

得分總和≤ 13

處在這一分數段的孩子在自信力方面還有很大的提升空間，在堅持己見、樂觀面對挫折、正確對待自己優缺點等方面需要繼續加油。如果不趕緊對孩子進行自信心訓練，孩子很有可能出現消極想法、表現，會對其健康成長產生阻礙。希望家長能和孩子一同加油，繼續創造更多的自信。

序言 培養孩子核心競爭力的重要性

第一章
培養孩子的獨立能力

培養孩子獨立思考、判斷的能力

　　人和動物最根本的區別就是，人有思考、判斷的權利。當然了，不僅僅是大人有這樣的權利，孩子也應當享受這種權利。雖然孩子思考問題的方式很幼稚，很多判斷是錯誤的，可沒有幼稚的思考，如何走向成熟呢？並且，教育的目的就是讓孩子在獲得知識的同時培養孩子的心智，進而提升孩子獲得新知識的能力。

　　如果人類喪失了獨立思考、判斷的能力，那麼知識將不會進步，反而會滯留不前。舉個例子來說：

　　古希臘的學者們認為物體下落的速度由它的重量決定，他們認為越重的物體下落的速度越快。而最早闡述這個觀點的是古希臘哲學家亞里斯多德，他的論斷影響深遠，在之後的兩千多年裡，沒有人懷疑過這個學說。到了十六世紀，義大利學者伽利略對亞里士多德的結論提出了質疑，而且對自由落體進行了深入研究。最終在眾人的非議之下，伽利略走上了比薩斜塔，將兩個重量不同的鐵球一同拋了下去，證實了自己的結論：兩個重量不同的鐵球同時落地。

　　當時的權威判斷被證明是錯誤的，如果後來人們仍舊盲目的遵循定論，卻不去獨立思考、判斷，所有的一切都會成為人類前行道路上的絆腳石，錯誤的定論也就無法被糾正了，而是

錯誤的延續下去。

　　教育為的是孩子的將來，讓孩子未來生活得更加幸福，那麼就要注重培養、尊重孩子獨立思考、判斷的能力，如果孩子長大之後從事的是商業活動，沒有獨立思考的能力，他的公司就會很難保住；如果孩子日後從事的是教育行業，缺乏獨立思考的能力，如何教育得好學生；哪怕只是結婚、生子這樣的小事，如果他沒有獨立思考的能力，都無法幸福的生活下去。

　　在很多家庭中，父母常常會對孩子獨立思考的結果予以錯誤的評判，比如：孩子質疑書本上的某個觀點，家長或老師就會反駁：「課本怎麼會有錯，別胡思亂想了。」殊不知，課本也許真的有錯，家長不能輕易否定孩子的任何想法，而是應當詢問孩子「你怎麼看」「你怎麼認為」。

　　家長和老師不但不能武斷的否定孩子的思考，還應當像尊重自己一樣尊重孩子。這樣一來，培養出的就不單單是標準好學生了，而是滿懷朝氣的未來新人。可能孩子的衣衫不整、頭髮凌亂、長相不討人喜歡，但他們卻有獨立思考、判斷的能力。

　　那麼家長究竟應該怎麼做呢？

給孩子獨立思考、判斷的機會

　　家長應當怎樣培養孩子獨立思考、判斷的能力？多與孩子討論，問孩子「這個問題你怎麼看」。家長在與孩子討論時，就

是在引導孩子去正確的認識問題、分析問題，就是在鼓勵孩子獨立思考。

詢問孩子的看法，其實就是在鍛鍊孩子對事情的判斷能力，家長可以及時給孩子正確的引導。

有的家長將這一點做得很好，日常生活中，每次遇到問題時家長都會問孩子：「你怎麼看？」比如：新聞上播出「某某地方發生海嘯」，家長就會及時問上一句「你怎麼看」，孩子可能會做出各種回答，比如：「國家應當支援他們各種物資：食物、水、帳篷。」

很多家長只關心孩子的學習，卻基本不讓他們關心新聞。可如果家長有意識的引導孩子，就能夠促進他們獨立思考、判斷，激發出他們的求知慾。

經常問孩子「你怎麼看」，不但可以給孩子表達的機會，還能夠拓展孩子的思維，鼓勵孩子關心國家大事、社會新聞，促進孩子思考多方面問題。

為孩子營造思考氛圍

在家庭中，為孩子營造思考氛圍，有助於孩子形成獨特個性。創新意識的思維、舉動很重要，父母不能總是認為孩子年紀小，不懂事，只能靠大人來照顧。要知道，孩子是獨立個體，父母應當允許孩子有自己的空間、世界。

讓孩子學會思考

父母和孩子相處、交談時，應當常用商量的口吻來協商，給孩子留下思考的餘地、提出想法的機會。父母可根據交談內容來提問，比如「你覺得怎麼做才好」、「你是怎麼想的」等，進而引發孩子思考。生活中，父母應當鼓勵孩子常問為什麼。孩子不斷的提出問題時，父母應當耐心的給予正確的答案，這樣一來，孩子獨立思考、判斷的能力就會有所提高。

培養孩子獨立處理問題的能力

當代社會，獨生子女越來越多，家長們也越來越寵愛自己的孩子。隨著資訊科技的發展，孩子在日常生活中遇到的問題也越來越多，僅靠家長的幫助，不積極培養孩子獨立解決問題的能力，孩子會漸漸與社會「脫軌」，進而被社會淘汰。因此，培養孩子獨立解決問題的能力迫在眉睫。

小寧今年已經上五年級了，平時的鍛鍊機會比較少，性格膽怯，在很多事情上都採取躲避、退讓的態度。一次，小寧哭著回家，對媽媽說自己害怕到辦公室當著老師的面背課文，這讓小寧感到害怕。

媽媽聽完小寧的敘述後，對小寧說，應當積極的面對，這能夠鍛鍊你的心理素養，可以先在班上找同學幫忙背誦，之後

再到辦公室面對老師時就沒有那麼害怕了。

　　經過媽媽一番耐心的勸導，小寧的情緒穩定多了。幾天之後，小寧對媽媽說，在老師面前背誦課文時，自己已經不再害怕了，因為在背誦課文時，小寧將老師看成是自己的同學。媽媽聽後非常高興，因為小寧終於知道用什麼方法解決問題了。

　　孩子在生活、學習過程中難免會遇到這樣或那樣的問題，家長不能為了減輕孩子的負擔就主動幫忙解決這些問題，而是要抓住機會，幫助孩子培養各方面能力，進而適應複雜的社會，讓孩子成長為獨立、自主、健康之人。

學會做「懶」父母

　　孩子的身心發展到一定程度後，就已具備獨立解決問題的生理、心理條件，如果家長擅自剝奪孩子的鍛鍊機會，就會在無形之中扼殺孩子獨立處理問題的能力。因此，日常生活中，家長應適時做「懶」父母。可能孩子第一次自己穿衣服時會把扣子扣的亂七八糟，可只有這樣，孩子才能不斷吸取經驗教訓，以後才能扣得更整齊。可能在這個過程中，孩子會表現出很多讓家長不滿意的地方，甚至惹出些麻煩，家長可輔助孩子完成任務，但切忌幫孩子包辦。

培養孩子的獨立意識、能力

　　國外的很多家庭都會讓孩子在假期外出打工，到了一定年

齡後，會讓孩子獨立生活。這樣的家庭教育能夠讓孩子經受實踐鍛鍊，慢慢的具備獨立意識、能力。想讓孩子擁有獨立處理問題的能力，放手讓孩子自己分析、解決遇到的問題，遇事要冷靜思考，而非消極對待。如，孩子選擇衣服的過程，與其他小朋友打架等問題，都應當讓他自己去處理，可能在這個過程中，孩子處理得並不理想，但他會在處理這些小事的過程中吸取經驗教訓，逐漸成熟起來。

設置疑難問題，幫助孩子獨立

日常生活中，有很多機會能夠鍛鍊孩子獨立的能力，比如：可以給孩子一部分錢，讓他自己去買東西，自己算帳，之後自己拎東西回家。這個過程能夠幫助孩子鍛鍊獨自解決問題的能力。整個過程都只有孩子自己，爸爸媽媽不參與任何意見。父母都希望孩子可以成為有能力的人，但不能光說不練，應當積極的給孩子提供機會，讓孩子自己去解決問題。透過這些鍛鍊，孩子才能更快的成長起來。

對孩子處理問題的做法予以肯定

孩子眼中的世界和成人不同，他們解決問題的方式、能力可能與我們的觀念不符，但我們應當對孩子獨自解決問題的勇氣予以讚賞，用欣賞的眼光看待它。給孩子一個欣賞的眼神，給孩子一個鼓勵的行動，都可以讓孩子擁有無窮的力量，孩子

會更加積極的去解決自己面對的問題。

　　孩子就是我們的希望、我們的未來，他們終有一天要獨自面對生活，獨自應對問題，我們不可能一輩子陪在他們身邊為他解決問題，真正要做的就是給予孩子面對問題的機會，幫助他們培養解決問題的能力，這樣，孩子才更有機會掌握一切。

培養孩子自我管理的能力

　　孩子是否可以進行自我管理展現著孩子的獨立性，是孩子脫穎而出的基本條件。我們可以想一下，如果連自己都管理不好的孩子如何領導別人？已開發國家的父母都非常重視從小培養孩子的自理能力和自強精神。

　　美國的孩子普遍膽子較大，不怕天黑，不怕單獨外出，不怕高山水急，不怕野獸昆蟲。他們善於交際，主意很多，敢想敢闖，即使沒有大人陪同，也能應付很多事情，很少發生問題。

　　美國家庭非常重視孩子認識自然、社會環境的教育，從小培養孩子獨立自主的精神，同時注重培養孩子的社交能力，以及在各種環境中的自我保護能力。

　　培養孩子自我管理的能力主要從以下幾方面入手：

從嬰幼兒期對孩子進行自立訓練

　　很多孩子從嬰兒期開始獨居，其實這就是在訓練孩子的自

立能力。等到孩子長至三四歲，會產生怕黑心理，家長可以給孩子買小夜燈，讓它整個晚上亮著，幫助孩子驅散對黑夜的恐懼。

不要總是圍著孩子轉

雖然美國父母和英國父母一樣愛孩子，可是他們不會像有些父母那樣，總是抱著、盯著孩子，等到孩子六七個月大時，就能夠自己抱著奶瓶喝水、喝奶了，再大點就能自己用湯匙吃飯了。孩子經常將將食物撒到桌子、地上，可父母卻不會餵他。

父母應當讓孩子自己一個人或與其他小朋友一起做遊戲，等孩子習慣這種生活模式之後，就不會一直纏著父母了，自我管理的能力也會越來越強。

隨時準備讓孩子接受鍛鍊

媽媽帶著五歲的女兒到鄉下看望祖父母，吃過晚餐後，天已經黑了，公車已停開。住在鄉下，第二天再回家也是可以的，但媽媽卻帶著女兒步行回家。女兒走一段，媽媽背著女兒走一段，摸著黑就回家了。

可能有人會疑惑，這位媽媽為什麼這麼做？其實，她只是想讓女兒熟悉黑暗，當地適當的吃些苦頭而已。家長隨時準備讓孩子接受鍛鍊，孩子在日後的生活中就能夠更加容易的應付生活。

教孩子使用各種工具、電器

父母應當在孩子小時就教孩子認識、使用各種工具、電器，教孩子這些工具的用途、性能，鼓勵孩子平時使用這些工具、電器。從孩子從小開始，父母就要教孩子使用電燈、電扇、電視等，不管家裡的哪些工具、電器出了問題，在安全的範圍內，父母都應當鼓勵孩子嘗試修理。

讓孩子更好的適應環境

爸爸帶著十歲的兒子去爬山，還沒爬到一半，兒子就哭著鬧著要下山，抱怨爬山太累，可爸爸並沒有因此陪兒子走向返程的路，而是遞給兒子一支竹杖，之後，爸爸繼續向山上爬去，兒子只得無奈的跟著爸爸。又爬了一陣，兒子看到了纜車，開心的拍著小手說：「爸爸，我們坐纜車上去吧。」爸爸沒有回答，仍舊沿著上山的路走著。雖然是石階路，可仍舊有不平坦的地方，路不好走時，爸爸就會拉著兒子；臺階太高上不去時爸爸就會托兒子一把，終於，父子倆爬上了山頂。從那之後，兒子再也不怕登高山了，因為他掌握了登山的技巧。

在孩子經歷某個以前從未經歷過的環境時，家長不能因為愛孩子而放棄這個讓孩子適應環境的機會。孩子長大之後難免會獨自面對某些陌生環境，如果父母從未鍛鍊過他們適應環境的能力，他們就會覺得舉手無措。

培養孩子自我保護的能力

家長可以利用帶孩子逛街的機會教孩子熟悉交通規則，教孩子一些注意事項，告訴他們怎麼走安全、怎麼走危險；在家中陪孩子玩樂的過程中可以教孩子背下一些重要的電話號碼，比如父母公司電話、消防隊電話、警察局電話、醫院急救電話等。這些在關鍵時刻能派上用場，保護孩子或家人。

培養孩子的自立能力

無論孩子想自己吃飯還是走路，或是做其他事情，都是孩子求知慾、好奇心的表現，很多時候，孩子渴望自立，渴望自己做事。比如：小時候，看到父母洗衣服，我們也會生出洗衣服的衝動；看到父母用筷子吃飯，自己也會拿起筷子在碗裡翻來翻去……等到我們為人父母時，也應當體諒孩子的心境。實際上，不培養孩子的自立能力，很容易在讓孩子在上學之後產生自卑心理。

嘉佑是獨生子，過的是茶來伸手，飯來張口的生活。爸爸媽媽都忙於工作，很少有時間照顧嘉佑，爺爺奶奶更是寵壞了他，都已經上小學一年級了，還是要爺爺奶奶來餵飯。

一次，學校組織夏令營，目的就是培養孩子的動手能力。到了營地之後，小朋友們都學著媽媽在家裡烹飪菜餚的方法，

在老師的指點下「做飯」；可嘉佑卻好像慌了神一樣，生怕被火燙著、被枯枝敗葉扎到，躲得遠遠的。

終於，在大家一上午的忙碌下，可以享用豐盛的午餐了，可是嘉佑又為難了，平時都是爺爺奶奶給自己餵飯，自己連筷子都不會用，一時情急，他竟然大哭起來。老師和其他小朋友將目光轉移到嘉佑身上，這下子，嘉佑哭得更厲害的。

老師趕緊安慰嘉佑，得知事情的緣由後，就耐心的教嘉佑用筷子。等到夏令營結束時，老師便與嘉佑的父母進行了溝通，給他們講述了培養孩子自立能力的重要性。

像嘉佑這種從小就被「寵壞」了，不能自立的孩子不在少數，很多家長認為這樣做是為孩子好，能夠讓孩子更好的學習文化知識，以免分心。殊不知，孩子終有獨立的一天，如果一味的讓孩子接受課本上的知識，卻不讓他們學習最基本的自立方法，對於他們將來獨自處理事情來說非常不利。

當孩子踏入社會時，沒有人會允許他的家人幫他做這做那，絕大多數事情都需要孩子自己處理、應對。如果此時的孩子只知道一味的依賴，遇到獨立面對的事情就抓耳撓腮，不知如何是好，久而久之，周圍的人、主管都會認為這個孩子不能獨立做事，也就不會重視他、重用他了。

很多家長都意識不到問題的嚴重性，認為這些事情孩子小時候不會做，長大了自然就會做了，不用太過認真或苛刻。實

際上，很多能力都是需要從小培養的。看過電視節目的人可能都有這樣的印象，曾有一名大學生住宿居然帶著母親，讓母親幫他洗衣做飯，這是多麼荒唐的事情啊？年近二十歲的成年人居然什麼事情都要依靠母親，這是非常可悲的！不要認為自己的孩子洗幾件衣服、擦幾次地他將來就會成為清潔工；反之，如果他從小連最基本的事情都做不好，長大之後，難度更高的事情他就更做不好了。

我們可以看看那些成功人士，哪一個不是從小自立？莎士比亞雖然出生在富商家庭，但十三歲就開始離校，幫忙父親做生意，十六歲時就獨自謀生；愛迪生只讀過三個月書，被老師稱為「白痴」，之後父親教會他識字，他從小就喜歡自己動手做實驗，多次差點燒傷自己的身體……

從這些名人事蹟之中不難看出，無論你的孩子出身貧寒還是高貴，都應當讓他學會自立，畢竟父母不能陪伴孩子走完漫長的人生之路，這條路的大部分還是需要孩子自己去走的。為孩子鋪經濟之路、仕途之路，都只是暫時的；但如果培養好孩子的自立能力，那麼他可選擇的道路將會越來越多。

自立從某種程度上說就是脫離，適時讓孩子「脫離」自己，孩子才能真正成長起來：

懂得放手

很多家長存在這樣的認識盲點，認為孩子小，絕大多數的事情都不能獨立完成，只有在家長的幫助下才能夠避免孩子獨自處理問題時受到傷害。隨著孩子年齡的增長，生活自理能力的增強，他們會越來越自立，家長應當懂得適時放手，讓孩子自己做些事情。

輔助孩子自立

孩子的注意力非常容易受外界因素影響，周圍一旦出現什麼有趣的事情，就會將孩子的注意力吸引過去。比如：吃飯時看電視，孩子就會放下碗一直看電視；本來想去洗手，看到水後就忘記洗手，玩起水來。在這種情況下，家長應當及時糾正孩子的行為，但是要注意，不是大聲呵斥孩子停止動作，應當心平氣和、耐心指導。

客觀面對事實

孩子不小心摔倒碰在家具上，爺爺奶奶通常會當著孩子的面敲打家具，為孩子出氣。但是這樣做，孩子就不會認為是自己不當心或自己未注意到障礙物而碰上的，下次他仍然不會小心注意，也不會繞道而行。因此，提醒家長們應當讓孩子客觀面對事實，教會孩子認識到自己犯的錯是不能推給別人的，這

是培養孩子自立能力過程中必不可少的環節。

培養孩子的主動性

積極、主動也是領導者必備的素養。試想，一個人若是面對任何事情都抱著「不勞而獲」的念頭，怎麼可能離成功越來越近呢？自己總是處於被動的狀態，眼前的機會就會在無形之中被別人竊走。

一天下午，小海和一群小朋友在樓下玩樂，他給小朋友們分配了各自的角色以及需要做的事情。社區裡有很多叔叔阿姨圍著這群快樂的孩子。無論是誰，看到這些孩子時一下子就能看出小海是這個小團隊的領導人物。

雖然家長都希望自己的孩子聽話些，但是像小海這種主動的性格對於日後的成長來說非常重要。

限制的家庭教育中，出現了很多不能適應幼兒發展的現象。特別是家長，對獨生子女的溺愛太過度，所有事情都秉承包辦的原則，每件事都為孩子打好基礎，或者乾脆為孩子做完。孩子不用動腦，也不用動手，一切都要靠外界幫助才能完成。再者，現在的家長對孩子管得太嚴，限制太多，嚴重剝奪了孩子玩樂、學習的機會。為了培養孩子的主動性，家長應當將孩子視為獨立個體，用平等的關係對待孩子，給孩子一定的權利，讓孩子有機會自己去做、敢於自己去做。

那麼家長要如何培養孩子的主動性呢？

適當放開孩子的手腳

疼愛孩子是父母的職責，但是現在的父母對孩子的疼愛有些過了，生怕孩子受一丁點傷害；對孩子更多的是保護，不放開孩子的手腳，使得孩子產生依賴。生活上，建議家長不要包辦本該孩子自己去做的事。孩子自己有能力做的事盡量讓他們自己做，做不好也沒關係；不要過度限制他們自由，讓他們去做自己喜歡的事情。

培養主動性還應寬容孩子的失敗

失敗乃成功之母，雖然家長不能將失敗看作成功的前提，但也不能忽視失敗在孩子成長過程中的重要性。追求成功，避免失敗，為主動性特徵；放棄探索、追求成功，那麼成功只會與之失之交臂。孩子在探索的過程中不可能不犯錯誤，應當諒解孩子的錯誤，指導孩子從中汲取教訓，避免犯重大錯誤，若家長對孩子缺乏理解，不分青紅皂白的指責孩子，甚至打罵孩子，都會影響孩子的主動性，導致孩子自卑，久而久之，就出現無能感，開始消極的對待人生。

錯怪孩子，要主動道歉

媽媽在廚房裡忙著做午餐，突然聽到客廳裡傳來「啪」的一

聲巨響，出去看了一眼，發現孩子正在地上撿花瓶的碎片。看到眼前的情景，媽媽非常生氣：「你怎麼把媽媽最喜歡的花瓶打碎了？」孩子聽到這裡，一臉委屈，正在氣頭上的媽媽突然瞄了一眼放花瓶的櫃子，貓咪「嗖」的一下跳在了地上。媽媽走過去，蹲在地上和孩子一起撿花瓶的碎片。孩子沒出聲，但淚水卻不自主的流了出來。媽媽輕聲問：「花瓶是你打碎的嗎？」孩子搖了搖頭，哽咽著說：「是貓咪爬到了櫃子上，不小心碰掉的。」媽媽用手撫摸著孩子的頭，滿懷歉意的說：「對不起，是媽媽錯怪你了。」

媽媽主動承認錯誤、給孩子道歉的舉動讓孩子免受了冤枉。無端指責孩子，會讓孩子覺得自己被懷疑，甚至不敢再主動做事，或者為自己開脫。

讓孩子克服依賴性

依賴性強的孩子很難自己主動去做事，凡事都雙眼無辜的看著周圍的人，希望有隻援助之手及時伸過來。

佳佳今年六歲了，已經學會了穿衣服、穿鞋子、用筷子等日常基本事情。但是，只要父母在身邊，佳佳就好像變成另外一個人，哭著鬧著讓父母幫忙，不肯自己做。一天，媽媽正在為佳佳準備早餐，佳佳又鬧了起來，讓媽媽幫忙穿衣服。媽媽笑著誇讚佳佳是個懂事的好孩子，自己一定可以穿好衣服。在

媽媽的鼓勵下，佳佳終於自己穿好了衣服。之後，媽媽屢次透過鼓勵的方法幫助佳佳擺脫了依賴心理。

　　日常生活中，像佳佳這種對父母產生依賴心理的孩子不在少數，很多家長難以抵禦孩子的哭鬧，直接幫孩子做了本該孩子自己動手做的事情；有的家長會直接數落孩子一通，讓孩子在涕淚中自己穿上衣服，雖然這樣做打破了孩子依賴的目的，但卻讓孩子產生了「父母不愛我了」的心理，覺得自己受了壓迫，對父母與孩子之間關係的和諧不利。

　　幫助孩子養成良好的習慣，克服依賴性需要父母花費一定的耐心和努力，急於求成是不行的，會傷害親子之間的感情；一味遷就又難以幫助孩子養成良好的自立習慣。透過鼓勵的方法幫助孩子克服依賴性是最好的。

　　縱容孩子的依賴性，會使得孩子缺乏自立，喪失獨自處理問題的能力。有依賴性者通常沒有主見，缺乏自信心，總是感覺自己缺乏能力，甘願置身從屬地位；遇到事情首先想到的不是如何解決問題，而是依賴父母、老師、同學，希望他們可以幫自己做決定，缺乏獨立負責的精神。

　　依賴性強的孩子通常喜歡和獨立性強的孩子交朋友，他們會表現得非常順從，希望這樣的朋友能夠給自己意見，幫助自己解決問題。

　　由此我們也能看出，不及時糾正孩子表現出的種種依賴，

任其發展，危害是非常大的，可能會導致以下兩個不良後果：性格柔弱，遇到事情不能獨立思考，甚至連日常生活生活裡的基本事情都需要別人幫忙拿主意；還可能會覺得生活總是不盡如人意，周圍稍微有些風吹草動都會表現得非常緊張，甚至因為某些微小的事情而感到羞辱，久而久之，就會形成自卑的性格，甚至自閉，這對於孩子性格的健康發展來說是非常不利的。

心理學家調查發現，依賴性強的人工作能力是非常低的，沒有外人的指導、幫助，幾乎什麼事都做不成；反之，獨立性較強的人，不但願意努力工作，還懂得如何盡最大限度利用自己的才能。

在孩子表現出較強依賴性時，家長不應過度嚴格要求孩子，而是應當給予其信心，鼓勵他們；即便孩子的表現不那麼盡如人意，家長也不應過度打擊孩子，以免孩子在屢屢挫敗後喪失繼續做事的勇氣。有時候，孩子在克服依賴性的過程中需要一些「訓練」。

貝貝的書包常常亂七八糟的，每天放學之後，他會將書本拿出來朗誦，之後寫作業；第二天早上醒來之後，直接背著書包離開，從來不看有沒有忘了帶東西。奶奶生怕孫女上學時忘了帶東西著急，每天晚上臨睡前都會幫她收拾好書包。一天，奶奶在幫貝貝收拾書包時故意把水瓶放到書包旁邊。貝貝看都沒看，背著書包就去上學了，到學校後發現水瓶沒帶，渴了一

天。從那之後，貝貝起床後的第一件事就是灌滿水瓶，然後把它放到書包中。

　　日常教育的過程中，我們可以從以下幾方面幫助孩子克服依賴性：

1. 直接對孩子講明。清楚的對孩子說明哪種行為方式是你期望的，不這樣做會有什麼樣的後果。
2. 態度要堅決。態度要堅決些，讓孩子承擔由於自己行為而導致的後果。
3. 根據家庭狀況，為孩子制定自立自強的項目。按時起床、整理學習用品、安排家庭作業時間等，透過一段時間的訓練，孩子就能夠在很多事情上自立了。

讓孩子適時體驗生活

　　培養孩子的自主性和能動性，家長應當注意從小讓孩子體驗生活，投入到生活勞動、艱辛中去，讓孩子明白，生活要靠勞動創造出來，幸福是需要透過奮鬥去爭取的。讓孩子適時體驗生活，對孩子日後的品格養成大有幫助。讓孩子及早投入到生活中，透過生活中的點滴盡快掌握生活知識及生活本領，在各種磨礪中形成高尚品格，樹立健康人生觀，也是孩子領導能力養成的重點。

　　如果孩子長到十幾歲時，仍舊四肢不勤、五穀不分、衣來

伸手、飯來張口,那麼即使他擁有滿腹學問,也不能將其應用到實踐中。

如今,越來越多的家長抱怨自己的孩子懶惰。其實,這和家長的教育方法不當有密切關係。不管是過去還是現在,不管你的家庭條件如何,孩子都應該參與到家庭生活中。在參與家庭活動的過程中,孩子能夠找到歸屬感,並從參與的過程中獲得成就感。隨著孩子逐漸長大成人,各方面能力都在發展,他的安全感會越來越強烈。

有專家提出,孩子真正適宜做家事的年齡是兩歲,多數四~五歲的孩子就應該能夠幫家裡做很多簡單的工作了。當然,雖然有些家事讓孩子做比較困難,但可以選擇簡單的家事讓孩子參與進去,融入到家庭之中。

勞動是孩子的天性。最初,孩子非常願意幫父母做家事,所以,家長應及早花費些心思教孩子做家事。等孩子做完一項家事後,無論這項家事是大是小,家長都應當表現出自己的高興,肯定孩子所做的事情。但是要注意,不能用物質去刺激孩子,盡量用鼓勵性言語鼓勵他。

楠楠今年五歲了,卻是媽媽的「小助手」,無論做什麼家事,楠楠都會參與進去。記得一次,楠楠掃地時不小心用掃把碰碎了花瓶,媽媽不但沒有責備楠楠,反而耐心的對楠楠說:「楠楠,掃地時不僅要看地板,還要注意會不會碰到其他東西,

這次打碎了花瓶沒關係，只要以後掃地時多加注意就好了。」

　　年前的親友聚會，叔叔帶著自己八歲的女兒來做客。用餐前，叔叔驚奇的發現楠楠正在擦拭椅子。雖然楠楠還不及餐桌高，卻很認真的擦著椅子的每一寸地方。椅子擦好後，楠楠又到冰箱裡給小堂姐拿來飲料，完全一副「小大人」的模樣。叔叔不禁驚奇，因為自己八歲的女兒還從來沒碰過抹布呢。

　　從培養孩子做家事開始，隨著年齡的增長、勞動範圍的擴大，等到孩子掌握生活的基本知識、本領，而且可以將其付諸行動時，孩子的自理能力會越來越強，所依賴的人會越來越少，此時，孩子便可真正的在社會中「自立」了。家長應當注意，讓孩子適時體驗生活，對於孩子的健康成長至關重要。

　　紀濤家境富裕，一直過著衣來伸手、飯來張口的生活，從來沒有體驗過任何家事生活。

　　十四歲時，紀濤離開父母，進了寄宿學校，開始覺得生活無趣，與班上的幾個同學成群結伙在學校裡打架鬥毆。父母幾次被請到學校，經過一番辛酸教導無果，只好讓紀濤轉學。

　　轉學後，紀濤變本加厲，終日在網咖打遊戲，完全荒廢學業。一次，母親含淚到網咖拉住紀濤，問他知不知道父母在外賺錢的辛苦，為什麼還要這樣讓父母操心，不好好學習，誰知，紀濤卻回答道：「你們賺錢有什麼辛苦，每天不是出入酒店就是逛商場？再說，你們賺那麼多錢總得有人花吧，給我花不

是比給別人花好得多嗎？」

　　母親一氣之下拉著紀濤的衣袖，想把他拉出網咖，誰知，紀濤卻在狂怒之中推倒了母親，對著母親大吼：「滾！」

　　其實，如果紀濤的父母從小就讓他嘗試體驗生活的艱辛，他也就不會覺得自己今天的所得理所當然了，也就會懂得珍惜父母的給予、懂得感恩父母了，這一系列場面就不會發生了。父母不是不可以愛孩子，而是不能因為愛孩子放棄本該屬於孩子的生活體驗，讓孩子終日渾渾噩噩、只知索取。

　　那麼父母究竟應當怎麼做才更利於孩子的健康成長呢？

在生活中培養孩子的好品德

　　貫穿於孩子成長的整個過程，要知道，道德的意義並不是因道德而道德，社會道德和個體道德的提高發展要透過體驗生活來實現。脫離社會的道德毫無意義，只是抽象概念；脫離生活的道德也會過於形式。總之，品德培養遵循的是生活邏輯。也就是說，孩子只有透過真實的生活體驗感悟出的道德才更有價值，才更能融入孩子的心靈。所以應將孩子置身於生活中，包括自然、社會等，引導孩子在各種環境中磨礪出好品格。

關心孩子的現實生活

　　教育應當回歸生活，家長應當重視生活教育的價值，關心孩子當下的生活。孩子有他們自身和成人的不同之處，不從這

些異同點出發，教育便很難看出效果。教育只有關心認同的現實生活才更具針對性。如果強制性的把成人應具備的素養、應體驗的生活強加到孩子身上，只會適得其反，讓孩子無法順利在體驗現實生活的過程中有所得。

積極引導孩子的發展

孩子是發展中的人，有接受教育、接受引導的需求。家長有引導孩子發展的責任。兒童只有在家長的教育和引導下才可不斷成長、提高，他們的價值才能更快的體驗出來。能夠感受到自身的價值所在，孩子會覺得生活更有意義。

第二章
培養孩子的決斷力、自制力

讓孩子自己來決定

　　大人們常常會面臨各種決定，孩子們也是如此。有時候，孩子會因為一件小事而躊躇不決，家長應對這種現象時，很可能會為了省事而替孩子做決定，其實，這種做法對於孩子決斷力的培養是不利的。家長可以看看自己身邊那些成功人士，哪一個不是在重大決定面前自己拿主意的？

　　林林今年十歲了。一次，媽媽給了林林十元，之後帶著他到超市買東西。林林既想買個洋娃娃，又想買一隻可愛的毛絨小狗，一時間竟然挪不動腳步，看看洋娃娃，又看看毛絨小狗。

　　媽媽在一旁等待著林林的選擇，沒有給予她任何意見。最終，林林選擇洋娃娃，母女倆帶著一大堆東西回到家中。回家之後，林林看到了上個月剛剛買回來的洋娃娃，不禁有些後悔，自己已經有好幾個洋娃娃了，沒有了新鮮感，早知道就買毛絨小狗了。想到這裡，林林一下子就不開心了，看也不看，就將剛買回來的洋娃娃放在了一邊。

　　媽媽看到這種情景，走過去問林林：「怎麼了？洋娃娃剛買回來就不喜歡了嗎？」林林噘著小嘴說：「我後悔買洋娃娃了，假如我買的是小狗，現在就不會後悔了。」媽媽摸著林林的頭，微笑著說：「孩子，沒有假如，生活就是要有所取捨的，重要的不是假如，而是滿意自己的選擇，這個洋娃娃是你的選擇，你

就應當接受它，並且享受它帶給你的快樂。

聽完媽媽的話，林林轉頭看了看被自己丟在一邊的洋娃娃，起身走過去抱起了它，高興的和幾個洋娃娃「扮家家酒」去了。

孩子們在生活中會面臨各種各樣的抉擇，這些抉擇如果被父母左右，那麼他們以後就會很難自己做決定，每次抉擇都會猶猶豫豫。即使他們已經做了最好的抉擇，產生的結果也很難讓他們滿意，他們永遠在後悔，後悔沒有選擇自己放棄的。

其實，家長應當擁有足夠的耐心等待孩子做出選擇，無論他選擇的是什麼，家長都應當予以支持，並且鼓勵孩子接受自己的選擇，從自己的選擇中有所得，不管得到的是快樂還是經驗。

家長應當明白，一個人日後的生活幸福與否、成就大小，並不在於這個人有多聰明或是多幸運，而在於他是否會選擇，並且肯定自己的選擇，同時為之付出努力。孩子可能還不懂這個道理，但是家長懂得，這種做決定的能力應當從小培養。

無論是做大的還是做小的決定，起主導作用的都應該是孩子，而不是家長，家長可以給予一定的意見，但千萬不可左右孩子的思想，果斷為孩子拿主意，那樣只會讓孩子在以後做選擇的日子裡產生依賴性。

告訴孩子要為自己的選擇「負責」

孩子做出的某項選擇可能只是出於單純的「喜歡」，而不會像成年人一樣考慮前因後果，因此難免會後悔。就像上文案例中的林林那樣，當時選擇的明明是自己喜歡的玩具，回到家後卻又後悔沒有選擇毛絨小狗。實際上，如果林林選擇的是毛絨小狗她也還是會後悔，因為對於孩子來說，沒有得到的東西才更加神祕、更有吸引力。其實，選擇哪件玩具對於孩子來說都是一樣的，重點是孩子能不能為自己的選擇「負責」。什麼是「負責」？很簡單，就是要能從自己的選擇中有所得，無論得到的是快樂還是滿足感，都應當接受自己的選擇，不斷挖掘自己的選擇的優點。

家長的引導作用

孩子年紀小，決斷能力較差，家長在孩子做決定的過程中都應當達到引導作用。家長雖然不能主動替孩子做決定，但也不能眼看著孩子在那裡遲遲不做決定，或是做了決定後在一邊哀嘆「後悔」。在孩子做選擇時，家長可以溫柔、耐心的詢問孩子：「你最想怎麼？」孩子做決定後，家長要提醒孩子：「為你所做的選擇『負責』。」有了家長的引導，孩子的選擇才能更有意義，孩子的決定力才能得到更好的鍛鍊！

傾聽孩子發表的意見

很多孩子都有這樣的抱怨：「每次我和爸爸媽媽意見不一致的時候，他們都會用勢來壓人，不給我說話的機會，有時候根本不是他們說的那回事。」的確，很多家長都存在這樣的問題，不問緣由的對孩子亂發脾氣。從嚴格意義上說，這種做法嚴重違背了教育宗旨。

給孩子發表意見的機會對於孩子的健康成長來說尤為重要。父母和孩子之間出現矛盾是很正常的，但是作為家長，應當懂得傾聽孩子的意見。如果不等孩子說完就主觀臆斷的下結論，勢必會讓孩子產生消極心態。並且，孩子的叛逆心理非常強，他們強烈希望家長可以尊重自己、聽自己的理由。所以，不管在什麼情況下，發生什麼事，家長都應當耐心的傾聽孩子發表的意見，以免對孩子的心理造成傷害。

張建今年七歲了，是個活潑可愛的小男孩。一天，媽媽給張建買了一輛新的玩具車。他非常開心，就把玩具車放在地上，用遙控器控制著它跑來跑去。可是沒過多久，張建便生出一個疑問，玩具車為什麼會跑呢？難道是車子裡面有小人操控嗎？帶著疑問，張建把玩具車能拆開的地方都拆開了。媽媽見此情景，非常生氣，憤怒的對他吼道：「你這個敗家子！買多少玩具都不夠你拆！怎麼這麼不聽話啊！」張建見此情景，嚇得哇

哇大哭。

其實，張建拆玩具無非是出於好奇心理，他很想知道玩具車中的祕密。好奇心是孩子探索知識、獲取知識的源頭，家長應當用正確的態度對待這個問題，而不是粗暴的制止孩子。

楚楚今年六歲了，是家裡的獨生女。雖然如此，父母對楚楚的教育很嚴格。一次，家裡來了客人，客人看到客廳中的滴水觀音非常漂亮，趕緊問楚楚媽媽：「您的這盤花養得真好，翠綠茂盛，有什麼祕笈嗎？」楚楚趕緊答話：「媽媽每天都會給滴水觀音澆麻醬渣滓。」媽媽看了楚楚一眼，厲聲的說道：「進去做你的作業去，大人說話，小孩子不要插嘴！」楚楚委屈的回到了自己的房間。

其實，楚楚只不過是想將自己知道的事情告知別人罷了，而這種行為卻被媽媽認為是「插嘴」，並且還將她訓斥了一頓。在這種情況下，楚楚很可能再也不敢在外人面前發表自己的意見了，這很可能在她日後的成長中留下陰影。在培養孩子領導力的過程中，家長應當懂得尊重孩子，讓他們充分將心中所想敘述出來，這對於孩子的進步來說有重要的意義。那麼家長究竟應該怎麼做呢？

給孩子表達意見的機會

想了解孩子的意見時，父母首先應當給孩子表達的機會，

引導孩子適時表達出自己的意見、想法。孩子表達出自己的意見時，家長不能直接否定，要讓孩子完整的將心中所想表達出來，即便孩子的表達能力比較差，家長也應當耐心傾聽，必要時可以協助孩子表達。孩子表達自己意見時，家長應當在一旁仔細觀察孩子的肢體語言、情緒等，用柔和的目光關心孩子，這樣能夠提升孩子的信心，讓他更自信的將自己想說的話說完整。

父母要懂得與孩子配合

孩子表達內心的想法時，父母的心態和孩子是否願意真實展露自己有密切關係。若孩子表達的內容是好的，情緒是正面的，父母要予以鼓勵、讚賞，以表達自己對孩子的認可。如果孩子表達的內容是負面的，情緒是消極的，說明他的內心委屈、憤怒、不平衡。父母在傾聽的過程中可以拍拍孩子的肩膀，用溫柔的話語去安慰他。這些都能夠軟化孩子的心靈。即便孩子對你的表現不理睬，你也應當用「我了解」「媽媽知道你的感受」等話語安慰孩子，但是要注意，父母在說這些話時應當是發自內心的，否則只會讓孩子覺得你做作，日後對你的信任減少。

父母要放下強烈的自我意識

父母要懂得親近孩子、了解孩子，只有這樣才能傾聽到孩

子的意見、想法。發現孩子的問題時，要用積極的態度幫助孩子解決問題。無論孩子表現得多麼失控，父母都要控制好自己的情緒，冷靜處理。如果父母發現自己的情緒也跟著失控起來，可以做做深呼吸，平靜自己的心情，之後再心平氣和的跟孩子說話。處於負面情緒時，不宜談誰對誰錯，因為沒有人願意承認自己是錯的，如果此時在誰對誰錯上爭論，只會進一步惡化雙方的關係。可以用「對不起」「我愛你」等詞語去撫平激動的心，等到雙方情緒穩定下來再繼續談事情。

培養孩子判斷是非的能力

　　孩子對事情的是非分辨能力比較差，家長應當透過培養孩子判斷是非的能力，讓孩子避免做錯誤的事。

　　生活中，我們時常會看到亂扔垃圾的孩子。可能有人會問，學校沒有教育孩子不能亂扔垃圾嗎？學校的確教育孩子不能亂扔垃圾，但孩子的這種行為通常是無意識的、從小形成的習慣，透過紙上的規章制度是很難糾正過來的。

　　小全是小區有名的調皮孩子，不是把這個小朋友打哭了，就是在那家門口放香蕉皮。一次，小全家來了客人，媽媽讓小全叫「叔叔」，小全卻瞥了一眼這個陌生人，不高興的說：「我不認識他，不叫！」說完，就跑出去玩樂了。小全的媽媽不但沒有責備小全，反而跟客人解釋：「真是抱歉，孩子小，不懂事，

等小全大些自然就會叫叔叔了。」

很明顯，小全的做法是不對的，而小全的媽媽卻沒有對小全進行開導，認為小全長大之自然就能明辨是非了。

其實，父母的這種做法是不正確的，不能放任孩子的錯誤，讓孩子誤以為自己做的事是正確的。如果媽媽把小全拉到一邊，告訴小全今天的所作所為是不對的，應該有禮貌的喊客人「叔叔」，這樣小全才能認知到自己的錯誤。

有些時候，家長並不是不知道孩子不明是非，而是懶得管孩子，認為很多事孩子長大後自會明白。其實不然，如果從小就這樣放任孩子，只會讓孩子越來越不明是非。

我們可以看一下社會新聞的少年，因搶劫、殺人、放火罪而進監獄的大有人在，而這些孩子極端錯誤的行徑，無一不與家庭教育有關，不與是非觀的培養有關。家長可以愛孩子，也必須愛孩子，但是千萬不能放縱孩子的行為，否則，後果不堪設想。

小白的爸爸是某公司的老闆，媽媽也在公司中擔任要職，平時都是爺爺奶奶照顧他。在爺爺奶奶眼中，自己的孫子就是顆掌上明珠，含在口裡怕化了，放在手裡怕碎了。一直都是小白要什麼，爺爺奶奶就給什麼。小白七歲那年，已經上一年級了，雖然年紀不大，但是性情暴躁，常常在學校裡打哭小朋友。爺爺奶奶卻認為，只要小白不受欺負，欺負別的小朋友最

多也就是道個歉了事。

　　一次，家中有人來做客，小白吵著讓爺爺帶他出去買玩具槍，爺爺跟他解釋說：「我們一會再去，爺爺要跟叔叔聊天。」小白非常生氣，走到爺爺面前，衝著爺爺的臉上就是抓一把，爺爺的臉上瞬間多了幾道指甲的抓痕，這還不停，小白繼續踢著爺爺的雙腿。客人在一旁看不過，訓斥了小白兩句，誰知小白的爺爺卻生氣的說：「這是我的家事，不用你管。」見此情景，客人無奈搖頭。

　　小白十八歲時，因搶劫罪進了監獄。在審問時，他說自己根本不是因為缺錢才去搶劫的，只是覺得很刺激、很酷就做了。

　　我們可以回想一下，自己家的孩子是不是也被慣成了這樣，是不是已經到了連是非都不分的地步。如果最初小白打小朋友這件事上就被家長制止，並且給他講與同學和睦相處的重要性，可能他也不會有這樣悲慘的下場。

　　試問各位家長，這種連是非都分不清的孩子怎麼成大事？不闖禍就非常不錯了。家長在培養孩子判斷是非能力的過程中應當注意以下幾點：

家長做到榜樣作用

　　孩子在面對諸多是非問題時，家長應當細心觀察，不能掉以輕心。和孩子在一起時，應當時刻提醒孩子，應該做什麼，不應該做什麼，引導孩子做正確的事情。同時，家長也要扮演

好榜樣，做到不亂扔垃圾、不說謊、不說粗話等。在家長的言傳身教之下，孩子自然能夠更好的培養出明辨是非的能力。

循序漸進

孩子明辨是非能力的培養是需要過程的，不可能一下子就到最佳狀態。對於一兩歲的孩子來說，最初培養的就是良好習慣，使得他在家長的鼓勵、肯定中逐漸了解什麼是對的、什麼是錯的。孩子哭喊著要求家長滿足他不合理要求時，比如吃掉在地上的食物時，家長應當及時制止，這樣制止幾次，孩子就會明白自己那樣做是不對的。等孩子三四歲後，家長就可以給孩子講些簡單的道理了，比如：隨地吐痰、亂扔垃圾都是不對的，孩子逐漸聽懂這些道理後，也就能夠在不知不覺中明辨是非了。

讓孩子自己進行比較、辨別

對孩子來說，教育是外在因素，只有孩子自己從心底裡明辨是非才可以。家長要做的就是引導孩子。比如：有人亂扔垃圾時，孩子可以說出這個人的做法是錯誤的，

培養孩子的自制力

自制力是每個人都應具備的美德。幸福的人並非那些可以隨意支配金錢的人，而是那些能夠自由安排自己的人。一個

人，只要擁有一定的自制力，才能夠在行事上免受誘惑，走屬於自己的、本該走的路。

吳巧和張明是好朋友，也是同班同學，一次，吳巧到張明家做客，張明的媽媽端出一盒糖果，分給吳巧和張明一人半盒，之後對兩個人說：「你們在這裡玩遊戲吧，一個小時之後媽媽來看你們還剩下多少糖果，剩得多的可以再得一大盒糖果。」

吳巧和張明都非常喜歡吃糖果，但是為了得到更多醣果，兩個小朋友都強忍著肚子裡的「饞蟲」，緊緊的把糖果握在手裡。最終，張明沒能抵禦住糖果的誘惑，拿出一塊吃了起來，這一吃不要緊，他吃糖果的欲望更強烈了，一會兒，半盒糖果就吃光了。

一個小時之後，媽媽回來了，看到張明跟前滿地的糖果紙，再看看吳巧手中緊握的糖果，笑著拿出一盒新糖果遞到吳巧手中，連連誇讚吳巧是個自制力強的好孩子。而張明卻在一旁不好意思的低下了頭。從這件事中，張明明白了，想擁有更多糖果，一定要能控制自己吃手中糖果的欲望。

人的意志、思想並非與生俱來的，需要透過後天的培養、鍛鍊去提升，家長應當從各個方面培養孩子的自制力，比如：堅持讓孩子自己吃飯；讓孩子養成堅持讀書的好習慣等。

家長應當在孩子在某些方面表現出超強的自制力時對其予以鼓勵和肯定。家長應當看重孩子努力的過程而不是結果，不

管結果如何，只要孩子努力了，勇於克服困難，擁有堅持不懈的精神，就應當被肯定、鼓勵。

自制力強的孩子可以獨自支配自己的情緒、行動能力，而且，它還是意志的重要能動力。生活中，父母應當鼓勵孩子做好每件事，告訴孩子無論做什麼事都要善始善終，這樣才能保證孩子的自制力在父母的鼓勵聲中被很好的培養起來。

那麼家長要怎樣培養孩子的自制力呢？

幫助孩子理解「自制力」的概念

可能多數孩子對自制力並沒有什麼概念，不明白究竟什麼是自制力，更不懂得如何進行自我控制。因此，孩子的自制力應當及早訓練，透過訓練的過程讓孩子理解「自制力」的概念。父母可以為孩子舉辦一場聚會，聚會的過程中，囑咐每個孩子，不管出現什麼狀況，都要盡量表現得溫柔體貼、大方得體，應當學會克制自己，不亂發脾氣，也不能指使他人或用尖酸刻薄的話刺激他人等。整個聚會的過程中孩子們會為了保持形象控制自己的言行舉止，這種方法對孩子理解自制力的概念大有幫助。

父母不能「得過且過」

有些父母在對孩子進行自制力的培養時會犯這樣一個錯誤——得過且過，什麼意思呢？比如：上述例子中的吳巧和張明

控制自己不吃糖果，若是張明吃光自己的糖果後哀求媽媽也給自己一盒糖果，而媽媽出於對張明的疼愛同意再給他一盒新糖果，那麼這次自制力的訓練就變得毫無意義，還會讓孩子誤以為吃不吃手中的糖果都能夠得到新糖果。由此不難看出，父母的「得過且過」不利於孩子能力的培養。

「鼓勵」是正能量

父母不但不能「得過且過」，而且還要對已經表現出良好自制力的孩子予以鼓勵。這種鼓勵不但能夠激勵自制力強的孩子保持自己的自制力，還能夠激發出自制力弱的孩子的自制力。還是拿案例中的吳巧和張明來闡述，如果媽媽沒有誇讚、鼓勵吳巧，那麼張明也就很難從訓練中有所得了，很難明白自制力究竟是被認可的還是被反對的。而母親的對吳巧的鼓勵和讚美使張明意識到，自己的做法是錯誤的，吳巧的自制力不但得到了媽媽最先許諾的糖果，還博得了媽媽的歡心，自己今後也要向吳巧學習，做個自制力強的孩子。

培養孩子控制情緒的能力

控制情緒人一生中的重要能力，這種能力可以幫你及時擺脫不良情緒，讓你擁有良好心態。就拿成年人來說，作為領導的成年人如果一天到晚只知道對自己的員工發脾氣，每天帶著

負面情緒面對員工，他帶領的團隊又怎會聽他調遣？他的領導職位又能做多久？從兒時培養孩子情緒的控制能力，對孩子日後的成長至關重要。

孩子控制情緒的能力非常薄弱，主要表現為易激動、易感性、易表現。情緒的調控能力並不一定會隨著年齡的增長而提高，它的發展更多時候要靠教育來培養，受教育環境的影響。

情緒的調控和知識系統、認知能力相同，要經過學習才能掌握，它的學習和認知教育不同，更多強調的是感受、感知、體驗、理解、反應，教育過程中強調情感、經驗的累積。因此，在教育過程中，家長應當考慮周圍環境和教育方式。

家庭是孩子最初接受教育的地方，而父母是孩子的啟蒙老師。通常情況下，孩子比較容易在父母面前表達情緒、情感，無論是快樂還是悲傷，都會隨時表現出來。這說明孩子在家庭可以自由的表達情緒，因為家庭情感是個特殊氛圍。父母和孩子之間的血緣關係使得他們與孩子之間有很強的親和力。

悠悠已經九歲了，非常調皮，經常把家裡鬧得翻天覆地。而且，悠悠的情緒很不穩定，只要父母有一點不順著他，都會惹得他「大發雷霆」。

一天，悠悠發高燒了，父母在身邊焦急的照顧著他。誰知，高燒中的悠悠突然發起了脾氣，吵著要吃冰淇淋。父母不應允，勸悠悠說：「你正在發燒，不能吃冰淇淋，等好了再吃好

嗎？媽媽給你煮了你最愛吃的肉絲麵。」悠悠完全不聽媽媽的勸告，仍舊大哭大鬧，燒更是退不下去了。無奈之下，爸爸只要出去給悠悠買冰淇淋。等爸爸買回冰淇淋後，悠悠又嫌爸爸買冰淇淋的時間太長了鬧個沒完，還把冰淇淋整個扔了出去。

其實，據學校老師說，悠悠不但成績非常好，還是個乖巧的孩子。平時跟同學、老師相處得都非常和睦，上課認真聽講，從來不做小動作。當悠悠的父母跟老師反映悠悠在家中亂發脾氣時，老師覺得很詫異。

通常情況下，孩子的情緒表達不會受父母控制，但是在社會氛圍中，孩子的情感卻會受到一定程度的抑制，胡亂發洩自己的情緒會受到懲罰或不好的評價，比如：老師的批評、玩伴的離開。

再者，孩子在與其他小朋友相處的過程中難免會出現矛盾，進而產生負面情緒；但由於擔心老師或朋友的嘲笑或老師的批評會壓抑自己的情緒，回家之後會對著自己的父母發洩，這就是為什麼有些孩子因瑣事而對自己的父母發脾氣了。家長應當充分發揮出家庭調控孩子情緒的能力，為孩子創造良好的家庭情感氛圍，讓孩子在無形中學會控制情緒。

營造和諧的家庭情感氛圍

每個家庭都有其特定的氛圍，家庭氛圍是否和諧，與父母

有重要關係。營造氛圍的過程中，首先要做的就是處理好父母間的關係，如果想讓孩子成長為快樂、大度、無畏的人，就要讓孩子在家庭中感受到溫暖，而這個溫暖只能源於父母之間的感情。

父母可以和睦相處，恩愛有加，懂得控制自己的情緒，盡可能表現得積極、樂觀，不但能夠讓孩子生活在溫馨的家庭氛圍中，享受關愛，還能讓孩子產生積極、樂觀的情感，對孩子學習如何控制情緒有至關重要的作用以及潛移默化的影響。反之，父母常常吵鬧，搞得家庭不和睦，孩子就會產生焦慮、自卑、恐懼等情緒，不但不利於孩子控制情緒，還會影響孩子的心理健康。

家庭氛圍的另外一個構成部分就是親子關係，也就是父母和子女的關係。親子關係為孩子接觸的第一個人際關係，它的和諧與否會給孩子的情緒帶來諸多困惑，甚至會影響孩子的健康成長，使得孩子長大成人後難以控制自己的情緒。多數家庭中，親子關係明顯不平等，父母明顯處在主導地位。親子關係不和諧的主要表現包括：父愛、母愛的扭曲：有的父母過度溺愛子女，使得孩子驕橫、自私、任性。還有就是粗暴之愛，父母一味的讓孩子遵從自己的意願，這樣的孩子大都情緒壓抑。父母對孩子正常的愛應當是理解、尊重、理智的愛。孩子鬧脾氣時，父母應當控制好情緒去撫慰孩子。在這種和諧的家庭氛

圍中，孩子才能逐漸領悟控制情緒對於自身發展的重要性。

　　現實生活中，父母在面對孩子宣洩不滿情緒時主要採取兩種應對手段：父母難以忍受，與孩子發生情感衝突；父母一味遷就，應允孩子提出的一切條件，前提是孩子停止發洩情緒。這兩種做法都是錯誤的，前者會導致孩子的憂鬱、憤怒逐漸累積，處於蓄勢待發的狀態；而後者會縱容孩子，讓他誤以為發脾氣就能夠得到自己想要的一切，宣洩情緒的現象會越來越頻繁。

積極的教育是培養孩子控制情緒能力的關鍵

　　家長要幫助孩子學習用恰當的方式表達自己的情緒，孩子對情緒的認識比較少，孩子是不會探究情緒的好壞的，父母應當透過教育的方式幫助孩子認識各種情緒，以及這些情緒的特徵、後果等，尤其要讓孩子對偏激情緒有初步的認識、看法。

　　等到孩子認識情緒之後，家長可以教孩子一些情緒表達的方式，如傾訴。舉個例子來說，家長可以告訴孩子，情緒不穩定時，可以向父母、老師或朋友說出自己的感受，不要憋在心中，及時將其釋放出來。父母可以給孩子做示範，經常和孩子討論彼此的情緒感受，這樣既能提升孩子的表達能力，還能讓孩子及時表達出自己的情緒。

　　運動也是非常不錯調整情緒的方法，透過運動，孩子可以

發洩自己的情緒，調整自己心情。哭也是孩子發洩情緒的方法。

　　家長還應為孩子創造條件，讓孩子在實踐中培養控制情緒的能力。通常情況下，孩子對情緒的認識和表達並不一致，主要表現為表達發展滯後，所以讓孩子在實踐、體驗的過程中調控自己的情緒對孩子的健康成長來說非常重要。只有孩子親身面對一些負面情緒，才能在實踐中學會調控情緒的方法。

建立良好的物質生活環境

　　良好的物質生活環境包括整潔有序的居住環境、寬敞明亮的活動場所、適合的圖書、各式各樣的玩具等，這些對於孩子學習情緒的調控來說至關重要。孩子的情緒有情境性、感染性的特點，好的物質生活環境能夠讓孩子產生積極情緒，所以，家長應當盡量創造乾淨、和諧的環境，這對孩子情緒的健康發展有積極作用。而狹窄、髒亂的家庭空間會讓孩子產生潛在心理壓抑，尤其是在孩子出現負面情緒的情況下，居住在雜亂、狹窄的房間內不但不利於孩子情緒的穩定、改善，還會導致孩子的情緒波動更大。

　　為孩子準備適合他年齡，並且討他喜歡的玩具、實踐類圖書，能夠激發、維持孩子進行有目的地的活動，孩子的情緒控制力就能夠在這個過程中產生、發展。

　　並且，家庭生活內容的豐富與否也關係孩子情緒的發展。單調的家庭生活容易讓孩子變得消極，而豐富的家庭生活可以

讓孩子變得快樂、滿足，擁有良好情緒，利於初步情緒調控力的培養。

教孩子控制暴躁行為

　　現在的孩子大都嬌生慣養，但這種嬌生慣養卻沒有培養出溫順聽話的孩子；相反，現在的孩子脾氣越來越暴躁，行為也越來越暴力，改善孩子暴躁行為最好在十歲之前，否則，孩子在成青少年的過程，朋輩的影響會加劇這種行為。

　　如果孩子經常出現抗拒、頂嘴、情緒波動大、欺負他人、破壞物品等行為，即為暴躁行為，導致這些行為的主要原因有：家長的管教太過嚴厲、父母婚姻的問題；在學校中受霸凌、排斥，覺得自己會成為被攻擊的目標；經常看有暴力內容的電視、漫畫等，或是暴力遊戲。

　　有位母親說自己的孩子脾氣暴躁、行為暴戾，常常不分緣由的打人，做事不顧後果，像個小混混。其實，這個孩子的行為與母親的教育有密切關係。

　　據那位母親說，孩子十二歲時，在學校中被人欺負，父母便告訴兒子：「只要你不被人欺負，做什麼媽媽都支持你。」事後，孩子再次被欺負時，就拿出了一把刀，插入了那位同學的腹中。由於孩子年齡較小，母親只是賠了醫藥費。但是從那之後，孩子的行為越來越趨向暴力，變得一發不可收拾，成了學

校的「小霸王」，欺負身材瘦小的孩子，甚至開始在學校收保護費。母親覺得孩子越來越可怕，也越來越不聽勸說。終於，他在一次校外搶劫中用刀子殺了人。

孩子的暴戾大都因家庭的教育不當、粗暴、溺愛、袒護等所致。也有的家長明著說要「管」孩子，卻「明管暗縱」。暴戾的孩子大都比較衝動，不願聽取教育，不明事理。最開始，孩子會表現出愛打架，與人發生爭執，同時不善於表達自己的意見，說話、做事不婉轉，也不懂尊重他人，仗著自己身體強壯用拳腳說話。其實，這本來是孩子間常有之事，說不上是好是壞，可只要孩子得逞一次，劣勢就會進一步強化，慢慢的，所有本來可以用言語說清的事都用拳腳取而代之，終於變為暴戾。

還有的孩子變得暴戾是因為模仿，比如：當年《古惑仔》電影風靡之時，很多正值青春期的男孩子都出現了紋身、打架，甚至混社會的惡習。看電視、電影沒錯，但是如果模仿的對象不當，就會造成嚴重後果。還有的孩子變得暴戾是因為報復，由於承受了某種壓抑打擊而心生憤怒、怨恨，進而產生了報復之心。

那麼家長應該如何對待孩子的暴戾行為，教孩子控制暴躁行為呢？

切勿告訴孩子「以暴制暴」

有的家長秉承的是「以毒攻毒」之法，一開始告訴孩子「別

人打你，你就打他」，到後來，孩子屢屢犯錯，脾氣越來越暴躁，家長便秉承「你打人，我打你」的原則。殊不知，用這種打壓的方法教育孩子，只會增加孩子的反抗心理，讓孩子變得更加暴力。粗暴的結果不但喚起了孩子對家庭的不滿，還會使得孩子變得越發暴戾。孩子的暴戾行為絕對不能被允許，這一點是能夠被肯定的。

孩子年紀小時，家長可透過寓言、故事、格言、打比方等方法教育孩子。比如：告訴孩子「懦弱的狗吠最大聲」「無能的人才使用拳頭」等話，要讓孩明白「君子動口不動手」，必須做個文明人。

孩子稍微大一些，要給孩子灌輸社會道德規範、行為準則等，教育孩子要敬人，學會與他人和睦相處，尊重他人，只有以尊重他人為基礎，才能換取他人的尊重，要學會處理人際關係上的矛盾。

將孩子的旺盛精力引導到學習上，多讀書可助孩子明事理，從書中獲得所需知識，變得知書達禮，讓不文明現象徹底消失。家長應當幫助孩子認識自身氣質的弱點，磨練孩子的意志，並幫助其克服魯莽衝動。當然了，想克服孩子的暴戾，父母首先要能做到文明行事，做孩子的楷模，讓孩子效仿。

家長要做好榜樣工作

如果父母本就是「好鬥」、脾氣暴躁的人，常常用拳頭說

話，那麼孩子就會在父母的影響下變得暴躁、愛惹事、打架鬥毆。家長從小對孩子潛移默化的影響會深入孩子的內心，使得孩子的行為越來越像父母。即便對孩子百般說教，你的行為已經深入孩子的眼中、心中，話語的刺激遠不及眼見得更為真切。想讓孩子變得溫和有禮，家長首先要做溫和有禮之人，在和諧的家庭氛圍的影響下，孩子自然會變得乖巧。

盡量避免讓孩子接受暴力內容

無論是暴力的圖片、書籍還是電視節目，都應當盡量避免讓孩子接觸，因為孩子主觀判斷是非的能力還比較差，容易受外界事物的迷惑、影響，容易做出錯誤的判斷，甚至做出錯誤的事情來。

調查發現，很大一部分有暴力傾向的孩子都是因為受暴力小說、黑社會電影、電子遊戲的影響。不得不提醒家長們注意，控制孩子言行舉止的同時，應觀察孩子日常關心的各方面內容，在孩子出現暴力行為時立即制止，以免發展到不可收拾的地步。

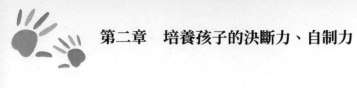

第二章　培養孩子的決斷力、自制力

第三章
培養孩子的自信心

自信關乎孩子的創造能力

美國思想家愛默生曾經說過：「自信為成功的第一祕訣。」拿破崙‧希爾也說過：「信心是生命和力量，信心是奇蹟。」從這些真切、激勵的話語中，我們也能夠感受到自信對人的發展多麼重要。

孩子是否擁有創造能力，與他的自信密切相關。試想，一個什麼都不敢想、什麼都不敢做的人如何創造出讓人耳目一新的東西？

當當和傑傑是同班同學，他們非常要好。但是兩個小朋友的性格截然相反。當當自信十足，性格外向、開朗，與同學相處得十分融洽。而傑傑性格內向、少言寡語，即使上課唸課文都會面紅耳赤。

兩個年紀相同的孩子卻有截然不同的心智。一個勇於探索、創造；而另一個躲避探索、創造的機會，甚至願意將這些機會拱手讓人。

沒有自信的孩子是無從談及創造力的。當今社會有一個明顯現象值得家長反思：大學生、研究生，甚至博士生都空有學歷，卻在步入社會時屢屢受挫，受低薪待遇不說，做事畏首畏尾，難被主管重用。甚至有一部分高材生待業在家，成為「啃老」一族，家長怎能不擔憂？而這一現象，也使很多家長產生疑

惑：多讀書究竟是好還是不好？

其實，這些孩子之所以成為無所事事之人，和他們的自信有密切關係。成績不好的學生並非都一事無成，而成績好、性格孤僻、膽怯者一事無成的居多，這些孩子為什麼會形成這種性格，與他們從小所受的教育有密切的關係，與他們感受不到何為自信有很大關係。

李丹今年十歲了，成績優異，但是性格內向，很少與其他小朋友一起玩，屬於「不合群」的類型。

一次，李丹考了全班第一的好成績。碰巧過新年，爸爸帶著李丹到舅舅家做客，舅媽非常喜歡這個乖巧、成績優秀的外甥女，就說道：「還是外甥女讓人放心，每科成績都優等。」誰知李丹的爸爸卻說：「我們家李丹表面上看起來像個傻子，沒想到上學之後成績還不錯。」李丹聽到爸爸這樣貶低自己，傷心得都快哭出來了。

孩子做的事，無論是好是壞，是進步還是後退，家長都應當予以正確的鼓勵或安慰；否則，孩子就會誤以為沒有人真正關心他、愛護他。他的存在價值被否定，也就沒有信心做其他事情了。可能唯一被肯定的就是成績，那麼這個孩子就會不斷研究試題，將所有精力用在應付考試上，久而久之，就會形成惡性循環。

那麼家長應該怎麼做才能讓孩子更好的發揮出創造

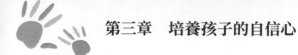

能力呢？

別因為成績剝奪孩子做其他事情的權利

有些家長只看重孩子的成績，完全不顧孩子心中的想法。有些孩子可能在小時候表現出對音樂的喜愛，以及創造樂曲的天賦，家長卻因為擔心會影響讀書而橫加阻攔，認為學音樂就是浪費時間，剝奪孩子學習音樂的權利。其實，這就是典型的家長扼殺孩子創造能力的案例。

對孩子的發現、創造予以鼓勵

有時候，孩子可能會興高采烈的走到你身邊，對你說：「看，媽媽，這是我發明的。」看到孩子手中的一堆破爛物，多數家長會忍不住說：「一堆破爛東西，快扔掉。」孩子可能會大吵大鬧，說什麼也不肯扔，與家長僵持不下。家長用這種態度對待孩子，會讓孩子覺得自己的「發明」糟透了，再也提不起發明的興趣。

無論孩子發明、創造的是什麼，他都是在用心創造，給父母看就是想獲得父母的鼓勵和認可，以便進一步去創造。家長的鼓勵、肯定對於他們來說尤為重要，關係著這條創造之路他們是否有必要繼續走下去。可家長對此卻不理解，不明白孩子的心。鼓勵孩子創造，賦予孩子自信心，讓孩子在信心滿滿的情況下繼續創造，才能在不斷創造的過程中有所得，擁有更加

光明的前途！

安慰孩子，激勵孩子繼續創造

孩子的創造之路可能會屢屢受挫，家長不能對此不理會。孩子創造失敗時，家長要及時安慰孩子，告訴孩子「失敗為成功之母」，讓孩子重拾創造的欲望。

如果在孩子失敗時責備孩子「你怎麼這麼笨啊」、「你真沒用」等，只會讓孩子原本受挫的自信心更加挫敗，再不願意靠近「創作」之路。

培養孩子的自信心

自信心對於孩子來說非常重要，它如同樂觀的心態一樣，是生命中積極、肯定的力量，是每個孩子走向成熟的標誌。

家長是過來人，明白自信心的重要性，人是因為自信才拉近了和目標之間的距離，而並非目標就在眼前。對孩子來說也是同樣的，只有擁有自信時，他才不會對陌生事物感到恐懼，才會勇於接近它，最終實現自己的夢想。

培養自信最好的方法就是對孩子進行肯定、讚賞，並且囑咐孩子，自信不足也沒有關係，鼓勵他而不是指責他。

生活中，家長可能會有這樣的體會，由於家境貧困，或自身條件差而受到外界歧視和不公對待，他們受到的肯定、讚賞

非常少，各種打擊包圍著他們，他們曾試著反抗，但柔弱、善良卻成了他們成功路上的阻礙，他們無法和成人抗衡，只能用毀滅自身為代價換來成長。家長對孩子最好的幫助就是鼓勵他們，幫他們建立自信。

父母應告訴孩子，生命、心智屬於自己，無論成績是好還是不好、長得美與醜，都是上天賜予你的財富。

孩子在生活中可能會經歷某些失敗的過程，家長要做的就是鼓勵孩子從失敗中走出來，鼓勵他們發現自己的優點。

在一次學校的演講比賽中，小東由於過於緊張語無倫次。同學們在臺下傳來的竊笑聲更讓小東覺得無地自容，羞赧的跑下了臺。回家之後，媽媽看到小東趴在書桌上發呆，耐心的詢問小東出了什麼事。

小東哽咽的將事情的經過講了出來，想起同學們的竊笑，小東委屈的補充了一句：「以後我再也不參加演講比賽了。」

媽媽用溫柔的手撫摸著小東的頭，面對他的極端情緒，媽媽並沒有生氣，也沒有責怪他，而是耐心的引導他：「一次失敗並不算什麼，不要把它放在心上，媽媽相信你有能力演講得很出色，只要你克服內心的緊張，對自己有信心，沒有什麼事能難倒你。」

小東抬起頭，哽咽的對媽媽說：「同學們都嘲笑我，我再也不想上臺演講了。」媽媽安慰小東說：「只有不懂尊重的人才會

嘲笑他人，所以我們不需要理會這些事情，你怎麼可能沒有演講天賦呢？記得嗎，你上幼稚園時還曾因演講比賽得過獎呢，這不就意味著你有天賦嗎？」

小東擦乾眼淚，表情變得平靜了許多，對媽媽說道：「對啊，我記得那件事，下次演講時，我一定要在同學們面前將我的演講才能展現出來。」

其實，小孩子的自信心非常脆弱，面對挫折、困難時，他們的自信很容易消失；但在別人的鼓勵、欣賞下，他們又能很快拾起自信心。對處在成長階段的孩子來說，家長教育時的態度決定著孩子的自信心。

那麼培養孩子的自信心應當從哪些方面入手呢？

鼓勵

家長對孩子最好的教育態度就是鼓勵，這是激發孩子潛能的最好手段，尤其是在孩子喪失自信時，家長更應引導孩子回憶曾取得的成績，幫他們重獲信心。就像上面提到的小東，雖然在這次演講比賽中失去了自信，想在今後的日子中遠離競爭，卻在媽媽的鼓勵下回憶起從前獲得的成績，重拾信心。

安慰

鼓勵能夠給予孩子更多正能量。當孩子受挫時，需要的不僅僅是鼓勵，還有安慰。試想，一個內心滿是委屈，表現得憂

鬱的孩子怎麼可能繼續做事？只有先將他內心世界的陰影清除出去，給他足夠的安慰以撫平傷口，他才敢繼續走下去，前途才會更加光明。

戒驕

自信心雖然對孩子日後的做事、成事來說非常重要，但過度的自信同樣會害了孩子。

李明是獨生子，在家中與父母享受著平等地位，家中的每件事父母都會與李明商量。在學校，李明是班長，成績優秀，非常受老師和同學喜愛。正是這種家庭和學校中的擁護讓李明變得驕傲自滿。有一段時間，李明常常和朋友出去玩，卻忽視了課業。李明自認聰明，考試的前幾天翻翻課本就可以了。誰知，這段時間的玩樂早已讓李明喪失了安心學習的心境，變得非常浮躁。臨近考試，李明怎樣也看不下書了，考試結束後，李明的成績一落千丈，看著「滿江紅」的試卷，李明後悔不已。

擁有自信心是對的，但戒驕同樣很重要。家長在培養孩子自信心的同時還應關心孩子的心態、情感、行為的變化，看看孩子有沒有變得驕傲。如果孩子表現得過度自信，家長應當及時勸導，以免因驕而敗。

懂得正確的安慰、讚美孩子

安慰、讚美為撫慰孩子的良方。現實生活中，孩子就像成人一樣，遇到不盡如人意的情緒體驗時，如委屈、驚嚇、成績差等，就會渴望得到父母的同情和安慰。同樣，孩子也會遇到很多自豪、興奮之事，如取得好成績、發現新玩法、幫媽媽做家事等，他們也需要父母的讚美、肯定、鼓勵。安慰、讚美都需要透過正確的方式，都要有合適的度，否則不但不能對孩子有幫助，還會造成負面作用。

父母的安慰對孩子的成長尤為重要

由於年齡小，孩子做事時容易出現失誤，哪怕只是小事。父母應當將事情本身與孩子分開，不能一味的埋怨孩子：「你是怎麼回事，把事情都搞砸了！」這種說話方式對孩子非常不好。失敗僅僅是個過程，父母應當教育孩子有勇氣面對不完善的結果，勇於犯錯，同時從錯誤中學到經驗、教訓，不因犯錯而讓自己的自信受損，甚至受摧殘。

有一天，家裡來了客人，五歲的李芳想幫媽媽招待客人，就主動到廚房幫忙。媽媽拿給她一杯果汁，讓她送到客人手裡，誰知，李芳剛走進客廳，就腳下一滑，一屁股坐在了地上，手中的杯子掉在了地上，果汁灑了滿地。客人趕緊過去扶李芳，李芳卻「哇」的一聲哭了。媽媽從廚房走出來，一邊給

她擦眼淚一邊說：「芳芳乖，別哭了，媽媽知道你是個好孩子，想給客人端果汁。沒關係，這杯灑了，你可以再給叔叔倒一杯啊。這一次，慢慢走，小心翼翼的端過來就好了。」李芳聽到媽媽的話，止住了哭聲，又跟著媽媽去了廚房，重新給客人端了杯果汁。客人直誇李芳是個懂事的孩子，她也非常開心。

自信是成功的起點，也是前進的動力，孩子如果有自信，他的世界就是五彩斑斕的，就會以積極進取、樂觀的態度看待人生。父母表揚孩子時，應當多思量，鼓勵孩子的同時也要安慰孩子。當然了，鼓勵和安慰都要得當、適度、有實效。

父母的讚美讓孩子信心十足

父母應當懂得讚美自己的孩子。當然了，讚美也是有限度的。對孩子來說，並非所做的每件事都要被讚揚，讚美的聲音也並非越多越好。過度讚美會導致孩子產生緊張情緒或是出現自傲等行為。

一次期末考試中，平時成績一般的李陽考得了全班第一名，爸爸媽媽都非常開心，對他進行了獎勵，還逢人便誇他學業成績優異。李陽對自己這次的考試成績也非常滿意，逢人便說自己沒怎麼念書就取得了好成績。

家裡來客人時，父母也會先將李陽考了第一的好成績這件事告訴客人，誇讚李陽有多聰明伶俐。在過度的讚揚下，自傲的李陽迎來了下一次成績的慘敗，父母也因此啞口無言了。

　　對孩子適時進行讚揚，鼓勵孩子，能夠幫助孩子很好的建立自信。但過度、過度讚揚孩子，會讓孩子產生錯覺，認為自己就是最好的，或誤以為自己所做的每件事都是最佳的，使得他們看不到自己身上的缺點，無法正確認識自己做的事情，將來一旦受挫，或是受到別人的非議等，就會變得慌亂無措。

　　並且，過度讚揚會顯得抽象，孩子也未必能夠從中感受到父母的肯定之聲。因而導致這樣一種顯現，父母誠心誠意的讚美孩子後，孩子又開始惡作劇了，抑或是孩子根本不理睬父母的讚美。

　　讚美是有原則的，應當在孩子努力做出成績之時予以客觀評價，不涉及孩子個人品格，中肯的讚揚就可以了。孩子只有在適度讚美中才能正確的認識自己，養成良好的品格。

正確的安慰、讚美的方法

　　家長應當正確的安慰孩子，可從以下幾方面入手：了解孩子，進行情感交流；尊重、信任孩子；寬容、幫助孩子；堅持正面引導、教育，同時教孩子一些解決問題的方法。安慰是一種非常好的教育方法，能夠讓孩子的心理矛盾得到緩衝，讓孩子感受到溫暖，幫助孩子鼓足勇氣，揚起前進的風帆，讓孩子的身心健康的發展下去。

　　那怎樣讚賞孩子才正確呢？

　　首先，要挖掘出孩子身上的優點，每天對孩子進行讚美，

因為這是孩子內心深處最強烈的需求；善於發現孩子的點滴進步，及時鼓勵孩子，等到孩子意識到父母關心自己時，就會調整內心行為取向，讓好的行為得到鞏固；孩子做錯了事，被父母批評糾正，及時改正錯誤，父母應當充分肯定孩子，讓孩子對自己的正確行為有信心。

讓孩子在愉悅中學到好行為，比在責備中學習容易很多。因為每個人對他人的指責、約束都存在排斥性。經常責備、管束會讓孩子產生反抗心理，削弱教育效果，沒有正面鼓勵效果好。

家長對孩子的讚美之語要真實，發自內心，盡量把感激、喜愛之情流露到言語中，盡量避免內容貧乏、誇張的讚美，因為這樣的讚美容易讓孩子產生厭煩情緒。讚美孩子時，可以配合適當的肢體語言，比如「摸摸頭」「拍拍肩膀」「擁抱」等。

父親在孩子的眼中大都扮演著嚴厲的角色。其實，每個孩子都希望得到父親的認可、讚美，但父親不善於表達自己的感情，常常表現得很嚴肅，對孩子的要求高。如果父親可以給予孩子一些讚美，孩子就會感覺自己做得非常好，這種讚美對孩子大有幫助。

父母的誇獎對孩子來說雖然是種鼓勵，但很多時候，老師、鄰居、客人等的讚美對孩子也有非常好的影響效果，通常能夠促進孩子進步。

家長可以和老師保持一定聯繫，班級 LINE 群組或是電話，透過老師來讚美孩子，讓孩子從心裡感謝老師關心自己，在學校中更加規範自己的言行。方法還有很多，家長只要正確應用就可以了。

用正確的方法讓孩子遠離自卑

世界上有自信滿滿的人，自然就會有自卑之人。孩子也是如此，有自信的孩子，自然也有自卑的孩子。孩子自卑並不可怕，但是如果家長找不到為孩子擺脫自卑的方法，那就非常可怕了。因為他不僅會在小時候自卑，長大了還會繼續自卑著，難成大事。

李昭今年五歲，李米幾年五歲半。李米的媽媽經常對李昭的媽媽說：「我的孩子什麼都不會，你看你兒子，畫畫得多好啊，我兒子什麼都不會畫。個頭還矮，比你兒子還大半歲呢，卻沒你兒子高呢，以後可怎麼辦啊？」

一天，李米的媽媽又對著李昭的媽媽抱怨。李米在爺爺家住了兩天，媽媽非常想念兒子，於是給李米打電話。誰知，電話那頭的李米吵著鬧著要爸爸接電話，說想爸爸不想媽媽。

李米是媽媽一手帶大的，白白胖胖，整潔乾淨，非常懂禮貌，但是媽媽卻一點都看不到李米的優點，而且還常常放大他的缺點，在外人面前貶低他。這讓李米在心中形成了自己不如

別人的想法。

其實，李米真的不會畫畫嗎？不一定，可能只是因為媽媽經常把李米不會畫畫這件事掛在嘴邊，使得李米從心底裡認為自己就是個不會畫畫的孩子，有了「你說我不會，那我就不會，連筆都不拿」的心態。

其實，每個孩子都有優點和缺點，這些缺點在悲觀的媽媽眼中如同迷霧，讓她們看不到一點希望；而在樂觀的媽媽眼中，這不過是暫時蒙住眼睛的一片葉子，丟掉它，仍舊是一片光明。讓孩子遠離自卑的陰影，從媽媽對待孩子的態度開始，從媽媽對孩子的讚美起步。

那麼家長應該怎麼做才能幫助孩子遠離自卑呢？

語言暗示

家長可以用積極的語言和孩子說話，讓孩子產生積極情緒，進而擁有積極心態。家長可以有意識的透過積極言語給孩子加油，給予孩子鼓勵。每天在孩子上學前給孩子打打氣，讓他信心十足的去上學。

累積成功

對孩子來說，擺脫自卑最好的方法就是獲得自信；而獲得自信最好的方法就是在某件事上獲得成功的經驗。研究表明，每次成功後，人的大腦就會出現一種刻畫痕跡 —— 動作模式的

電路紋。人在重新想起以往成功的動作模式時，便會重獲成功的喜悅，進而消除自卑感，自信十足。為了讓孩子生活在成功的體驗中，最有效的方法就是將孩子成長過程中的點滴成功記錄下來，或是類似獎狀，積少成多，每隔一段時間就給孩子讀讀上面的內容，提升孩子的信心，讓他更有信心去克服困難。

優點比較

　　每個孩子都有長處、優點，也有其特定的短處、劣勢。如果家長只能看到孩子不如別人的地方，而看不到孩子的長處，就會讓他喪失信心，變得自卑；反之，如果可以揚長避短，強化自身長處，那麼他就會信心十足，充滿快樂。所以，消除孩子的自卑心理，應當善於發現孩子身上的長處、優勢，為他們提供發揮長處的機會、條件。用別人的短處和自己的長處做比較對於自卑的孩子來說能夠達到積極的作用。

擺脫陰影

　　孩子自卑通常是有原因的，與失敗的陰影之間有很大關係。自卑的孩子遇到的挫折、失敗通常更多，及時幫助孩子擺脫這些陰影，克服自卑，能夠很好的幫助孩子保持自信。擺脫陰影的方法很多，常見的有：家長幫助孩子把失敗當成學習機遇，幫助孩子分析失敗的原因，並從中獲取經驗、教訓，幫助孩子將不愉快、痛苦的事情徹底忘掉，或用成功經歷抵消失

敗陰影。

　　有時候，面對一個大目標，孩子會有些膽怯，一時間恐怕也很難實現這個目標。家長可以為孩子細緻化目標，將其分成小的階段，讓孩子一步步進行，這樣實現起來就會更加容易，能夠獲得多次成功，並從成功之中獲得自信、遠離自卑。

用正確的方法讓孩子遠離孤僻

　　調查研究表明，合群孩子的知識範圍、表達能力、人際社交等均比性格孤僻、不喜歡交往的孩子高很多。現在的孩子，大多為獨生子女，被家長嬌慣的孤僻、任性，獨來獨往慣了，心中只有自己，不願為他人著想。這樣的孩子，即使長大後也難以同他人合作，適應不了社會的發展，對其領導能力的培養非常不利。對於這類孩子，家長應當想辦法讓其遠離孤僻。

　　姚嘉今年三歲了，非常倔強，不怎麼聽話，在家中很活潑，話也不少；但是面對陌生人時，卻顯得非常排斥。媽媽讓她叫人，她也不叫。媽媽帶著姚嘉去別人家串門時，她也是滿臉嚴肅，不說話，別人給她玩具或食物時，她也不接。只有媽媽親手遞給她的她才接著。媽媽帶著姚嘉到親子班時，她常常獨自玩樂，老師教動作時，她也從來不做，站著一動不動，無論媽媽怎麼說，她就是不跟著做。老師問姚嘉問題時，她不是不說話，就是聲音小得只有自己聽得到，媽媽為此非常苦惱。

孤僻的孩子主要表現為：

言語、認識方面出現異常

主要表現為：從二歲後便開始不愛講話，不愛同他人接觸或交往，對他人的呼喊無反應，不喜歡同人打招呼。針對此類表現，家長應當引導孩子同其他小朋友一同學習、玩樂，讓孩子積極的融入到團體之中。

社交能力、行為異常

主要表現為：對親友沒有親近感，缺乏社交方面的興趣、反應，不喜歡同夥伴玩樂。為了糾正這個行為，父母平時應當多帶孩子到適當場合，讓孩子多發言，當眾唱兒歌、表演跳舞等。為孩子接觸各類型的人創造條件。

關心他人

心理學家認為，兒童個性發展、社會化過程之實現，皆離不開人和人之間的相互作用。家長應當鼓勵、引導孩子關心他人，在潛移默化中影響孩子與他人之間的關係，這利於良好個性的形成、發展，有益於克服孤僻性格。

想讓孩子遠離孤僻，家長應當從以下幾方面入手：

以身作則，為孩子創造出良好的家庭環境

如果孩子從小就能夠同家人和睦相處，父母關心孩子，孝

敬長輩，相互之間關愛、關心，孩子自然能夠從這種氣氛中學到和睦相處。在這種氣氛下，家長應當教育、引導孩子與人平等相處，對鄰居、客人熱情、謙虛、有禮，千萬不能讓孩子養成以自我為中心的心態。家長應當避免處處圍著孩子轉，使得孩子凌駕在父母之上。同時，家長應當注意尊重孩子，不能隨意打罵、訓斥孩子等，讓孩子在友愛的環境中健康成長。

讓孩子多參加團體活動

家長不能因為擔心孩子的安全問題一味將孩子關在家裡，要讓孩子多出去參加團體活動，與同齡的小朋友接觸、交往，讓他在這個過程中學會如何與人和睦相處，並且克服獨生子女獨來獨往的缺點。有些家長可能會說，我們家的孩子比較瘦小，與同齡小朋友相處難免會吃虧。這類家長常常只顧自己的孩子，表面上是關心孩子，其實卻讓孩子喪失了在群體活動中鍛鍊的機會。

鼓勵孩子多交朋友

多數性格孤僻的孩子都存在膽怯心理，不願意交朋友。而心理健康的孩子大都有自己要好的朋友，孩子在同其他小朋友交往的過程中，家長應當教育讓他要擁有寬容之心，與其他小朋友彼此信賴、尊重，進而培養出其團結合作的精神。對於那些喜歡搗亂、逞能、惹事的孩子，家長應當及時制止、糾正，

這樣，孩子才能逐漸融入到團體之中。

　　不過，在這裡提醒家長，對於性格異常孤僻的孩子，應當採取一定的措施予以矯正。比如：孩子一直不願意接受其他小朋友的邀請，偶爾接受時，家長應當予以鼓勵。平時多鼓勵孩子與其他小朋友交流，歡迎小朋友到家裡來玩等。

　　總之，讓孩子遠離孤僻並不是一朝一夕的事，家長一定要有足夠的耐心，切不可急於求成。如果家長可以注意上述幾點，那麼自己的孩子才能夠變得活潑、積極、合群，才能更好的適應社會。

用正確的方法讓孩子遠離恐懼

　　恐懼是人與生俱來的心理狀態，也是成功道路上最大的敵人，它不會因為年齡的增長而完全消失。其實，孩子的恐懼和大人的恐懼的本質是一樣的，每個年齡層的人都會產生出其特有的恐懼，不過表現形式有所差異。恐懼會讓孩子喪失自信，難以邁開前行的腳部，阻礙孩子走向成功。

　　一天，媽媽和張超到公園玩樂。突然下起大雨來，媽媽趕緊帶著張超到附近的房子裡避雨。看到天空中一道道刺眼的閃電、聽到一聲聲悶雷，張超非常害怕，一個勁兒的往媽媽懷裡鑽。

　　媽媽摸著張超的頭，安慰他說：「不用怕，沒事的，打雷只

是一種常見的自然現象。張超是男孩子，應該勇敢的面對它，你看媽媽就不怕雷和閃電。」張超聽到媽媽的話，心裡的恐懼減輕了不少，走出了媽媽的懷抱，和媽媽看起雨景來。

　　孩子產生恐懼心理和家庭教育關係密切，也離不開個人體驗的關係。下面就來具體介紹一下導致孩子產生恐懼心理的原因：

過度保護孩子

　　有的家長擔心自己的孩子和其他小朋友一起玩樂會受欺負、學壞，所以把孩子關在家中，使得孩子缺乏和同伴交往的經驗，使其不知道如何處理與他人的矛盾。這就會使孩子在成長過程中容易遇到人際社交障礙，會出現以人際社交為主的恐懼。此外，孩子缺少與之交往的同伴，接觸的事物也會較少，進而會變得膽小怕事。

嚇唬孩子

　　有的家長經常嚇唬孩子，以確保孩子按照自己的意志來做事。殊不知，這樣做會導致孩子產生恐懼心理。比如：孩子吵著要出玩，家長就嚇唬孩子「外面有狼」「外面有鬼」等。這雖然能讓孩子安靜下來，可孩子卻因此遺留了恐懼心理。

孩子自身恐懼經驗的累積

　　孩子的恐懼和他的經驗有密切關係。比如：孩子不願意洗

頭髮，因為他曾經有過洗頭髮的痛苦經歷；孩子懼怕吃藥，因為吃藥曾經給他帶來了嘔吐的經歷。

受影視、圖書等的影響

孩子的理解能力、認識能力有限，經常閱讀恐怖書籍或看恐怖電影、聽鬼故事等，容易產生恐懼心理。家長應當關心孩子的恐懼，要知道，長期處在恐懼狀態是不利於孩子健康成長的。

了解到孩子恐懼的來源，家長應當怎麼做才能幫助孩子擺脫恐懼呢？

傾聽孩子的恐懼

家長可以詢問孩子為什麼恐懼，千萬不要嘲笑或訓斥孩子膽小，認為孩子的恐懼是「無稽之談」，這樣只會傷害孩子，讓孩子的不了解擴大化，變得更加恐懼。

家長可以全神貫注的傾聽孩子的敘述，注意觀察孩子的臉部表情、身體移動、姿勢與眼睛的接觸。等到孩子明確表示自己已經說完後，父母再進行評論，即使孩子在談話過程中停頓了較長時間，父母也不能打斷孩子或分心。

認真對待孩子的恐懼

家長應當從孩子的角度考慮問題，合適的話，家長可以告訴孩子自己處在相同情境中也會感到恐懼。

預防恐懼產生

家長應當盡量避免孩子第一次恐懼經驗的產生，比如：第一次給孩子洗頭髮時，應當盡量避免泡沫進入孩子的眼睛裡；第一次給孩子剪頭髮時，動作應盡量慢，避免碰觸孩子的頭皮等。

幫助孩子消除事物的神祕感

孩子對某些事物感到恐懼通常因為知識缺乏、經驗不足、錯誤認識等。比如：孩子害怕黑夜，主要是因為黑夜中不能看到外界狀況，家長可以給孩子一把手電筒，告訴孩子要小心走路，避免碰撞，這樣，孩子就能逐漸適應天黑了；孩子害怕吃藥，家長可以給孩子解釋為什麼要吃藥，逐漸克服孩子的恐懼。

幫助孩子戰勝恐懼

實際上，恐懼不過是人企圖擺脫、逃避的某種情境，卻苦於無能為力而產生的一種情緒。只要我們找出擺脫、逃避這種困境的方法，恐懼就會隨之消失。比如：孩子害怕與大人說話，家長可以多帶孩子出去玩樂，接觸各式各樣的人，久而久之，孩子的恐懼就會消失。

用正確的方法讓孩子不再軟弱

在我們身邊，有膽大的人，也有膽小的人；有勇敢的人，也有軟弱的人。導致這兩種截然不同的性格的主要原因就是兒時的教育方法。

孩子一出生，還分辨不出什麼是勇敢、什麼是軟弱，也分不清什麼是陌生、什麼是熟悉。但是隨著逐漸長大，孩子對世界的認知、某種性格在各種因素的影響之下開始凸顯。對於家長來說，自己的孩子非常軟弱會讓他們覺得心痛，難以接受，殊不知，這種性格正是他們為孩子營造的氛圍或對孩子的教育方式所致。

劉志軍從小在爺爺奶奶身邊長大。小時候，他非常頑皮，整天在外面和小朋友玩樂，不到吃飯的時間不回家。爺爺奶奶年紀大了，爸爸媽媽又在外面為事業打拼，沒人管教他。在這種情況下，劉志軍的奶奶想了個辦法，每次孫子想出去淘氣時，奶奶就會對他說：「樓下有推車的人，專門賣小孩，你要是再出去人家把你抓走了，你可就再也看不到爸爸媽媽了。」在爺爺奶奶的恐嚇下，劉志軍再也不敢出去淘氣了。

爺爺奶奶見這個方法好，便常常嚇唬孫子。時間久了，劉志軍竟然像個小女孩一樣，每天只知道悶在家裡看電視。這回，爺爺奶奶讓他出去玩他都不去了。

一次，學校舉行運動會。在跳高比賽中，劉志軍不小心摔在了地上，哇哇大哭起來。全班同學都嘲笑他，還給他取了「娘娘腔」的外號。劉志軍在爺爺奶奶的嚇唬聲和同學們的嘲笑聲中成長，變得越來越軟弱。

導致孩子軟弱的因素主要有以下幾方面：

身體因素

有的孩子身體狀況較差，常常生病，與身體健康的玩伴在一起時會產生自卑感，久而久之，就會變得懦弱。對於這類由於身體因素而自卑的孩子來說，首先要做的就是調養好身體。家長可以帶著孩子出去做適量運動，沒事跳跳健身操等。

對於先天殘疾的孩子來說，交際圈本來就小，再加上長期悶在房間中，他們在同其他孩子接觸的過程中會表現得非常懦弱，甚至產生逃避現實的情緒。對於這類孩子，家長應當及時與他們溝通，和他們一起讀些勵志方面的書籍，或是看一些勵志節目，讓他們明白殘疾不可怕，可怕是由心而生的軟弱。

環境因素

如今生活在都市中的孩子，生活的環境比較單調，由於大多為獨生子女，接觸的人少。除了上學時間，在家中的相處對象只有父母，使得他們不知道如何與他人交往。久而久之，孩子就會變得沉默、消極，形成懦弱的性格。對於這種孩子，家

長應當多帶他們出去走走，找機會讓他們和同齡小朋友接觸，鼓勵他們交朋友。

有的孩子從小在爺爺奶奶身邊長大，老人帶孩子時常常嚇唬孩子，此類孩子懦弱的表現就是怕。因此，家長一定要想辦法避免此類教育方式，多講些可以鼓勵孩子的童話故事。

父母因素

夫妻間吵架沒什麼值得大驚小怪的，但是如果夫妻間經常大吵大鬧，就會影響孩子，使孩子感到非常害怕，沒有安全感，若經常如此，孩子就會變得膽小怯弱。提醒家長，即使是為了孩子的身心健康著想，也不能當著孩子的面吵架。夫妻雙方出現爭執時應當盡量避著孩子。

父母的教育方式也會導致孩子的性格出現變化。有些家長早早的為孩子鋪好路，替孩子將所有本該由他們做的事情做好，使得孩子產生依賴性，變得懦弱。因此，家長應當讓孩子做些力所能及之事，讓孩子獨立、堅強起來。

家裡來客人時，父母通常會讓孩子待在房間中不要亂動，或者把孩子支出去玩樂，這樣做主要是擔心孩子妨礙客人用餐。但是，這種做法對孩子的心理會產生傷害，要讓孩子主動與客人接觸，這樣孩子才敢與陌生人搭話，才能變得大膽起來。

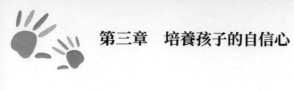

第四章

培養孩子的創新能力

懂得發現、培養孩子的創新能力

很多家長抱怨自己的孩子死板，沒有創新能力，其實不然，創新能力並沒有多神祕，這是孩子與生俱來的能力。父母應當懂得發現、培養孩子的這種能力，而不是等到孩子的這種能力即將喪失時認為孩子不存在這種能力。

李欣今年三歲了，第一次看到畫筆，非常開心，小手整個握在了彩筆上，在家裡到處塗鴉。一次，鄰居家的叔叔來串門，看到李欣在紙上畫著什麼，就拿起來瞧了瞧，只見上面用藍色的彩筆畫了個不規則的圖形，有點橢圓，橢圓的頂端還畫了個黑色的「小尾巴」。叔叔笑著問李欣：「你畫的是什麼啊？」李欣回答說：「蘋果。」事後，那位叔叔問李欣的媽媽說：「孩子用藍色的彩筆畫蘋果，你為什麼不糾正啊？」李欣的媽媽驚訝的問那位叔叔：「為什麼要糾正啊？孩子有他自己的想法，說明他思維很活躍，心中有創造出不同顏色蘋果的欲望。現實中的蘋果，他在吃的時候自然就會明白它的顏色。」

如今，創新教育已經占據重要地位，它是孩子智力的重要展現，擁有創新意識的孩子能夠很好的適應環境，把自己的所學應用到現實生活中。並且，創新能力為人類意識生活裡的積極意識形式，為進行創造性活動的動力。

孩子只有具備創新能力才可發現事物的本質、內在聯繫，

透過自己的分析、思考後，取得新穎的、從未有過的成果。那些缺乏創造能力的孩子很難對周圍事物提起興趣，好奇心、求知慾不強，為人保守，易「隨風倒」，沒有主見，而這些因素對孩子日後的成長、領導能力的培養來說都是不利的。

每個孩子都有一定的潛力，特別是在孩子三歲左右時，對陌生的世界充滿好奇，想探索世界，只要父母有足夠的耐心，就能夠促進孩子發揮出其創造力

創新能力是個抽象詞語，讓父母覺得不知從何入手。有些父母擔心自己的創新能力差，不能啟發孩子的創新思維，或是擔心自己會在引導的過程中扼殺孩子的創新能力，其實，孩子創新能力的發現和培養並沒有那麼困難，可從以下幾方面入手：

營造寬鬆的環境，發現孩子的創新能力

有的孩子天生膽小，課堂上不敢舉手發言，擔心說錯話同學們會嘲笑自己，顯然，這樣是不利於孩子創新能力的發展的。家長或學校應當盡量營造寬鬆的環境，讓孩子感受到平等、自由、和諧、親切，這樣孩子才會勇敢的將所想說出口，發揮出其創新潛能。

遵循孩子的個性特點，保護孩子的獨特見解

孩子在接受各種知識時實際上就是再造過程。孩子有不同的經歷、個性特點，因此，家長要允許孩子對自己所學知識有

獨特見解，尊重孩子的想法，並鼓勵孩子創新。不要一味的要求孩子追求統一，這樣只會扼殺孩子的創新思維，不利於孩子個性的發展。

　　就像案例中的李欣一樣，最初接觸畫筆時畫出了藍色蘋果，媽媽並沒有責備他。就像媽媽說的那樣，現實生活中的蘋果是紅的、黃的還是綠的，李欣吃過了就明白了，而他在畫畫時卻創造出了藍色的蘋果，這可能就是他心中所想，誰能斷定這個孩子長大之後不會培養出藍色蘋果？其實，孩子最初的點滴表現中也展現著創造力。

透過良性競爭培養孩子的創新能力

　　如今的社會充滿競爭，需要大量知識性人才。家長或老師可以從小給孩子創造良性的競爭機會，在競爭的過程中開發孩子的創新能力。

　　比如：在孩子進行唱歌遊戲時，為孩子創造競爭機會，鼓勵孩子向唱得最好的孩子發起挑戰，或是挑戰錄音機中的歌聲。只要孩子敢於挑戰，不管成功與否，都要對其進行鼓勵。這樣，不但能夠提高孩子的演唱水準，還能夠鍛鍊孩子的膽量，培養孩子積極向上、不甘落後的精神。

幫助孩子提升記憶力

人的一切活動，從最初的簡單認識、行動，到複雜的學習、勞動，都和記憶力間有密切關係。記憶是個複雜的心理過程，是過去經驗在人腦海裡的反映，包括記憶、保持、再現三個環節。

記憶為知識的寶庫，有了記憶，我們才能不斷吸取知識，不斷發展智力。而智力發展的重要時期就是幼兒期。

我們可以看看周圍的成功人士，大都具有超強的記憶力，由此也能看出，記憶力的培養對於提高孩子的領導力來說尤為重要。

孩子的記憶範圍、記憶時間是有限的，會隨著年齡的增長擴大、延長。比如：孩子上課時學習一首歌曲，不及時複習很快就會忘記。

孩子的記憶很難服從一個有目的的活動，他們的記憶大都無意識，只對形象鮮明或是自己感興趣的事物產生強烈記憶。想讓孩子專門記住有目的的活動很困難。

成年人通常透過理解要記憶的事物去記憶它，拋棄事物的非主要部分，從意義的層次記憶。但由於受知識、經驗的限制，孩子並不懂得如何分析事物，更多的時候是對事物進行表面記憶。

　　孩子記憶的精確性會隨著年齡的增長而成長，多數孩子會表現出記憶力零散、混淆、扭曲事實、受暗示等。比如：孩子聽過一個故事後，會對其中感興趣的環節進行記憶，卻不能記下整個故事，或是將兩個故事的情節混在了一起等。

　　張野三歲時第一次見到舅舅，和舅舅在一起玩樂得很開心。但是一個月後，當舅舅再來家裡時，張野卻因為心中的陌生感不敢靠近舅舅，使得舅舅非常傷心。

　　後來，舅舅為了哄張野開心，給他講了幾個有趣的童話故事：《白雪公主和七個小矮人》、《青蛙王子》、《睡美人》。

　　舅舅第三次見到張野是三個月後的事情了。當時，張野一見到舅舅就吵著鬧著讓舅舅講故事。舅舅非常開心，抱起張野，問她：「想聽哪個故事啊？」張野稚氣的說：「就聽上次舅舅給我講的美麗的公主遇到小矮人和青蛙，後來青蛙變成王子的故事。」舅舅聽完外甥女的敘述後哈哈大笑，勾著張野的小鼻子說：「好，舅舅兩個故事都給你講一遍。」

　　為了提高孩子的記憶力，家長應該怎麼做呢？

為孩子提供形象、鮮明、生動、有濃厚情緒色彩的識記材料

　　孩子的記憶以無意識為主，直觀、形象、有趣味的現象或事物大都可引起孩子強烈的情緒體驗，能夠讓孩子在無形之中將其記憶下來。因此，為孩子提供些色彩鮮明、形象具體的

事或識記材料吸引孩子，也能提升孩子的記憶力。比如：顏色鮮豔的動物形狀的卡片；孩子非常喜歡的木偶等。在讓孩子識別這些玩具的同時，家長還可以配合一些動作和聲音，以便加深孩子的記憶。實驗證明：這樣可以讓孩子更深刻、輕鬆的記憶事物，進而達到提升孩子記憶力的目的。經常給孩子制定具體、明確的記憶任務，對孩子的記憶結果進行正確評價，能激發孩子有意識記的積極性。有意識記為孩子記憶發展中的重要質變。家長可以在日常生活、活動中有意識的對孩子提出具體而明確的識記任務，可促進孩子有意識記的發展。可以在為孩子講故事後、吃飯後、散步後為孩子提出識記任務，對孩子完成的記憶任務給予及時肯定、讚揚，以增強孩子的積極性、主動性，這樣才能讓孩子更加迅速的去記憶。

幫助孩子理解識記材料，提高孩子意義識記水準、認識能力

對於年齡較小的孩子，雖然機械記憶比意義識記多，但意義識記的效果相對來說更好。很多心理學家研究發現，孩子通常對熟悉的食物記得非常真切。培養、發展孩子的有意記憶能力非常重要，因此需要採用各種方法幫孩子理解要識記的材料。實際操作時，家長可為孩子提出問題，如「蘋果為什麼是紅的」、「小羊為什麼吃草」等，引導孩子積極思考，在理解的基礎上對其進行記憶；對沒有意義、不可理解的材料，應當盡量

幫孩子找出它們間的意義連繫，不容記住的日常生活內容，可進行歸類後讓孩子記憶。

為了提高孩子的記憶效果，家長可採用協同記憶法，也就是在孩子識記時，多種感官都參與活動，在腦中建立多種連繫，加深孩子的記憶。實驗研究證明，如果讓孩子將眼、耳、口、鼻、手等感官調動起來，讓大腦皮質留下大量「同一意義」的痕跡，同時在大腦皮層之視覺區、聽覺區、嗅覺區、運動區、語言區等處建立大量連繫，即可提升記憶力。家長應當指導孩子運用多種感官參與記憶活動，比如：帶著孩子到公園散步，讓孩子多看看，嘗試著嗅、摸、嘗等，並透過眼睛、耳朵、鼻子、口、手等感受外界環境，並對其產生深刻記憶。

幫助孩子進行合理複習，提升記憶

孩子記憶的特點為：記得快，忘得快。可能今天背誦得滾瓜爛熟，明天又忘得一乾二淨。所以，重複、複習非常必要，這不但能夠提高孩子的記憶效果，還能夠鞏固、提升孩子的記憶。通常情況下，讓孩子複習、鞏固所學內容時，不宜進行單調、長時間反覆刺激，要在孩子情緒穩定時採取各種有趣的方法進行，比如：可以透過唱歌、猜謎、比賽等方法幫助孩子複習。

總而言之，孩子記憶力的培養應當遵循循序漸進的原則，家長要對孩子進行適當引導，讓孩子學會有效記憶法，督促孩

子去探索、交流，進而達到提升孩子記憶力、智力的目的。只要家長多點耐心，積極開發孩子的智力，孩子的智力便可迅速發展至更高水準。

鼓勵孩子去想像

孩子出生時，擁有大約一千億個腦細胞，這非常讓人震驚。但是，孩子長到兩三歲時發生的事更加讓人震驚。他的每個腦細胞都靠發出、接受被稱作「信號」的電子脈衝來建立連接。重複循環讓這些連接形成網路，讓孩子得以思考、學習。等到孩子三歲時，他的大腦就會建立起一千萬億左右的連接，差不多是成年人的二倍。

孩子現在的大腦密度比日後高很多。被重複使用的連結會變為永久性的，那些不被使用的或很少使用的很可能不能繼續生存下去。這就是專家們強調孩子出生前三年教育非常重要的原因之一。家長和孩子一同做的每件事，如讀書、唱歌、玩樂、吃飯、走路等，都有助於開發孩子的大腦，會隨著家長讓孩子接觸的新景象、聲音、感覺等，在大腦中打開更大、更讓人興奮的世界。當你運用想像力同時鼓勵孩子運用想像力時，就是激發孩子在大腦建立「想像力路徑」，因此，鼓勵孩子的想像力非常重要！

張術是個活潑可愛的小男孩，今年四歲半，媽媽經常帶他

到公園裡散步。正值春季，媽媽帶著張術到池塘邊看青蛙和蝌蚪。回家之後，媽媽給張術拿來白紙和彩筆，對張術說：「小術，你能給媽媽畫出今天看到的青蛙和蝌蚪嗎？」張術拿起畫筆，認認真真的畫了起來。雖然畫得不是很像，可媽媽卻一直在旁邊鼓勵他。畫好後，媽媽又對張術說：「我們把小蝌蚪和牠們的媽媽青蛙剪下來好不好？然後小術給牠們蓋間小房子。」

張術一聽來了興致，拿出小剪刀一點點剪了起來。剪好了，張術用紙板、積木給小蝌蚪和青蛙媽媽搭了棟二層小樓，讓小蝌蚪們住二樓、青蛙媽媽住一樓，並且在媽媽的鼓勵下為牠們編了一段《青蛙媽媽抓蟲去》的故事。

家長應當如何鼓勵孩子的想像力呢？

舉例法

孩子天生就具有想像力。和孩子一起讀有關異域的人、事，皆為開發孩子想像力的好方法，可以給孩子買能夠擴大詞彙量、圖片認知的圖畫書。比如：孩子如果沒有見過火龍果，那麼他就會發揮想像力去想像火龍果的樣子。給孩子挑選的書籍應當有很多大的彩繪圖案，在教孩子的過程中，堅持嚴格遵照文字敘述前享受現在可以隨心所欲編的故事。孩子的任務就是輸入，家長給孩子看各種圖片，同時給它配音，並為其編故事。要盡可能限制孩子接觸電子產品，因為電子產品會讓孩子難以充分發揮自己的想像力。讓孩子聽你講自己編的故事也是

非常好的，甚至會更好。你的故事能夠讓孩子有機會發揮想像力，同時向孩子展示創造人物、情節的基本要素。家長為孩子創造故事也是孩子拓展自我感知能力非常不錯的方式。過不了多久，孩子就能自己編故事了，他的想像力、情節獨創性都會讓家長大吃一驚。

提供道具

幾乎任何東西都能夠成為想像力遊戲的道具。比如：把毛巾纏到頭上做頭巾，把撲克牌當錢，把桌子當櫃臺，把孩子的洋娃娃、玩偶當作買東西者，進行買賣活動，能夠很好的發揮孩子的想像力。

其實，發揮想像力最佳的道具就是那些最簡單的東西，因為多數活動都發生在孩子的腦海裡。而那些特定的裝束，比如超人的特定服裝只能扮超人，而再普通不過的一頂帽子、一塊毛巾都能夠讓孩子成為很多不同人物。盡量讓孩子多接觸真實的人、地方、事件，是確保孩子在裝扮遊戲過程中想出點子的最佳方式。

準備一個專門的盒子、籃子作為盛裝扮道具，可以讓想像力遊戲變得更加順暢，特別是如果你在孩子看不見時重新裝東西的話，讓孩子猜裡面裝了什麼，孩子就能夠充分發揮出想像力。多準備一份孩子喜歡的小玩意，這樣就能夠讓其他小朋友參與進去，對孩子想像力的發揮也非常有幫助。

享受反傳統

如果孩子連續三天都請求穿太空人裝備去幼稚園，你可能會覺得很為難。成年人已習慣了嚴格劃分「大眾的」「私密的」行為，你可以在家中穿著睡衣、拖鞋走來走去，可絕對不會這樣去超市。因此，當你發現自己被迫和孩子因為要不要穿超人服上學爭論時，別忘了孩子還沒有這些界限概念，並且，家長在這個時候根本沒有必要為此擔心。這並不意味著孩子陷入了某個虛幻世界中不能自拔，他只不過是還沒玩夠而已。

並且，家長還會擔心他人的看法，同時感覺尷尬。可能你還沒能意識到，從想像力角度上說，你所背負的東西比兩三歲的孩子多很多，因為他們不會擔心自己在別人眼中的形象。

鼓勵孩子進行裝扮遊戲

裝扮遊戲能夠讓孩子成為他想成為的任何人，重複他已經學會的東西，讓事情按自己的願望發展。可能表面上看起來混亂或像噪音，但為什麼不向好的地方想想，將這當成醞釀中的藝術、文學大作等。認真的傾聽孩子的話，利於你了解孩子在想什麼，說不定正是你的傾聽重新激發出了孩子的想像力。

孩子能夠從日常生活、想像生活中的戲劇化事件等學到很多東西。當你的孩子發明出一個情節、故事主線，同時在裡面安排好人物時（如「我是媽媽，你是孩子，你在跳舞」），在這個過程中，孩子與人交往的能力、語言技巧都可以受到鍛鍊。

當他重演傷心、高興、害怕、安全的遊戲情節時，就可以解決好情緒問題。孩子把自己想像成獅子時，會覺得自己非常強大，可以讓孩子明白自己可以做主，成為自己想做的人。

最重要的是創造想像情境，同時按照情境發展至最終結局，教會孩子創造性的思考、解決問題。調查研究發現，小時候想像力豐富的孩子長大之後通常會繼續保留這一特點，還可以更好的解決問題。一項生活測試中表明，小時候喜歡想像的孩子在面對挑戰、困難時有更多辦法。

容忍混亂

想像力會讓孩子把很多事情搞得一團糟，孩子會假裝自己是孫悟空，把客廳當成花果山，還會拿著木棍在客廳裡跑來跑去，這就意味著客廳裡會有東西被打爛。

家長不要一味的埋怨孩子，可以做些適當的「防護」：比如：孩子在桌子上玩紙黏土前，在桌子上鋪層報紙或布之類，以免孩子弄髒桌子。

還可以為孩子制定規矩，比如：孩子在用「金箍棒」亂舞時，家長要定下「不能亂用金箍棒打人」的規矩。做其他遊戲時，還可為孩子制定不能向頭上、臉上扔雪球，不能吃自己製作的化學模型食物等規矩。這樣一來，孩子和你都能開開心心的遊戲。

鼓勵孩子動手創造

對於家長而言，鼓勵孩子的動手能力並非容易的事情，但是如果從小培養孩子動手創造的好習慣，對孩子來說將受益匪淺。

很多孩子的書面作業太多，考試壓力大，甚至連小學生的學習時間都比家長的工作時間還要長，嚴重占用了孩子的動手、動腦時間，甚至連休息、睡眠的時間都被占用了。這種狀況對孩子的成長不利。

人的學識、智慧、才能絕大部分來源於生活實踐，課堂上傳授的是系統知識，根本包容不了孩子應當獲得的廣泛知識與才能。孩子如果缺乏課外實踐的機會，課內學習效率也不會很高，或許會變得「高分低能」的結果，嚴重影響孩子領導能力的培養過程。我們可以回憶一下自己身邊的領導階層人物，可能不一定是什麼高等學府的高材生，但其動手能力絕不亞於高材生。

家長應當給孩子創造寬容的環境，不能讓孩子的精神壓力太大，也不能把分數看得太重，給孩子輕鬆玩樂、郊遊、製作、下棋、畫畫的機會，延展孩子的文創活動，鼓勵孩子進行各種科學實驗，這樣孩子就會變得主動、活潑，成績也能跟著提升。

鑫鑫今年雖然只有六歲，但是作為家裡的獨生女，父母對其寄予厚望，希望她長大之後能考上國立大學，因此從小便對鑫鑫於進行積極培養。

爸爸媽媽都非常疼愛鑫鑫，但卻因為成績問題屢次對鑫鑫進行「體罰」。比如：考試成績如果低於九十分，爸爸媽媽就會讓鑫鑫在臥室裡罰站，不准吃飯。有時候，鑫鑫一看到爸爸就咧嘴哭。一次，鑫鑫因為考了八十分被爸爸一腳踹倒在地，從那之後，鑫鑫變得更加膽怯了，不敢出去玩，不敢看電視……凡是與學習無關的事情，鑫鑫都不敢做。

等到鑫鑫十六歲時，成績優異，但卻因為缺乏動手能力而不能參與到團體活動之中。

二十四歲時，鑫鑫參加大學實習。除了學習，她幾乎什麼都不會做，換了幾份工作，都因為她膽怯、不敢動手而被老闆開除。鑫鑫苦惱不已，這才明白，除了課業，自己真的什麼都做不好。於是鑫鑫決定繼續念書，不工作，這樣就永遠不會有人知道她的動手能力差了。

爸爸媽媽也沒有覺察到鑫鑫動手能力差對她產生的負面影響，仍舊鼓勵她繼續專心讀書，甚至讓鑫鑫放棄了實習的機會，專心準備考研究生。

明眼的家長一看就明白，鑫鑫父母這樣的做法對孩子日後獨自步入社會打拼來說非常不利。父母可以管孩子一時，為她

提供一時的食衣住行，但管不了孩子的一世。等到某一天，鑫鑫獨自去面對社會，必須應付各式各樣的人、各種工作時，她就會責備父母這麼多年扼殺了她的動手能力，讓她變成只會動腦、不會動手，只會做題卻應用不到實際中的人。課本中的知識是不用人去驗證的，因為前人早已驗證過了；只有那些未知的，尚等待人們去探索的世界的價值才是最高的。學校教授孩子知識，就是想讓孩子在了解既定知識的同時勇於探索未知世界；可很多家長卻曲解了學校的意義、學習的意義，認為學校、學習不過是與分數掛鉤的概念，這對於孩子日後的發展非常不利，嚴重扼殺了孩子的動手創造能力。那麼家長應當怎麼做才能培養孩子的動手創造能力呢？

模仿性實踐

最初，孩子對身邊的一切事物都胸懷好奇心，總想幫家長做些事情，並且認為這是件光榮的事情，常常一副「小大人」的模樣，把「我會做」「我自己來」掛在嘴邊，在這種情況下，家長應當放手，讓孩子自己去做。可以讓孩子學家長做事情的樣子，家長可以在旁觀察、鼓勵孩子，有時也可以協助孩子。比如：家長做飯時，可以讓孩子幫忙挑菜；家長在使用各種廚房設備時也可以讓孩子一旁觀看、學習，久而久之，孩子就能學會做家事，同時多了一項生存技能。

「點石成金」實踐

生活中，我們會把孩子用過的本子隨手一扔，孩子不喜歡的玩具拍賣等，認為這些東西都已經沒有用處。實際上，這些東西還能夠被再度利用，用於培養孩子動手創造能力時可少不了它們。比如：可以讓孩子用用過的本子剪紙；用舊玩具拼湊成新玩具，在這個過程中，孩子不但鍛鍊了動手能力，還充分發揮了想像力，產生了「成就感」，提升了其自信心。

透過名人故事督促孩子動手

很多成功人士之所以擁有輝煌的成績，大都是因為善於動手。幫孩子蒐集些名人故事材料，可以灌輸給孩子動手創造的重要性，進而培養孩子的動手創造習慣。

比如：著名科學家愛迪生，一生從事各種科學實驗，很多次差點傷殘、死亡，但是他仍然不斷從事自己的科學實驗，最終發明瞭燈泡等多種事物。

愛迪生四歲時，想知道野蜂窩的奧祕，就拿一根樹枝捅馬蜂窩，結果臉被蟄得紅腫，眼睛都睜不開了……

多給孩子講科學家小時候動手、動腦，以及之後發明創造的故事，鼓勵孩子閱讀有關發明創造的書籍，培養孩子動手創造的習慣。

鼓勵孩子去模仿

　　很多父母都忽視了孩子的模仿過程，認為模仿是「沒出息」的行為，是缺乏創造力的表現。實際上，這種觀點是錯誤的，因為家長習慣用大人的眼光看待孩子。

　　模仿就是指對人、動物、事物等進行表面效仿，學著他們的樣子去做，是創造的開始，也是孩子的本能。

　　雲雲今年三歲半了。家裡養了隻哈士奇，個頭非常大，但是很溫順，與雲雲相處得非常好。有時候爸爸媽媽不在家，雲雲就會和哈士奇一起玩樂。久而久之，雲雲便開始學習哈士奇的舉動，跟著牠一起在地上爬來爬去、跑來跑去。哈士奇搖著尾巴，雲雲也在褲子後面放一條繩子，屁股左扭右扭，學著哈士奇的模樣。

　　一天，媽媽剛回家，就看到雲雲趴在沙發上，腦袋扎在爆米花桶裡面，學著哈士奇吃狗糧的模樣。媽媽非常生氣，一下子把雲雲拉下沙發，掃掉了上面的爆米花桶。雲雲看到爆米花被媽媽弄撒了，哇哇大哭起來。

　　其實，家長大可不必擔心孩子會因為學習哈士奇的吃飯方式而不知道怎麼用筷子，這不過是孩子成長階段中的一個模仿過程，家長不能用簡單的「對」「錯」去評判它。

　　如果你希望培養孩子的創造力，就應當從鼓勵孩子模

仿開始。

巧妙引導孩子進行正確模仿

對於孩子來說，什麼都值得模仿，他們對周圍的事物非常感興趣，希望像父母一樣可以做各種事情。

觀察資料顯示，在孩子心中，最刺激、最願意做的事情就是模仿。比如：模仿《西遊記》中的孫悟空，拿著木棒左搖右擺，覺得自己非常神氣。有的孩子甚至會模仿電影中的壞人，拿著玩具槍到處射擊。

面對這種情況，家長應當予以正確引導，並非制止。要告訴孩子，哪些是應當模仿的、哪些不應該模仿。比如：家長可以囑咐孩子，可以模仿警察抓小偷、扶老人過馬路；模仿醫生，為布娃娃看病等。這些創造性的模仿能夠提升孩子的生活意識，讓孩子擁有為他人服務的意識。

及早為孩子提供模仿環境

孩子可以坐的時候，家長應當時常帶著他去戶外活動兩三個小時，讓孩子享受溫暖的陽光和清新的空氣，感受大自然的美好。可以拿個地毯，在上面擺些玩具，讓孩子伸手去抓玩具，這是模仿的早期準備。

擴大孩子的活動空間

父母應當擴大孩子的活動空間，雖然這樣做可能會導致孩

子打破東西，或者做些父母眼中的「壞事」，但是這與孩子的健康成長比起來算不了什麼，畢竟打破的東西可以再收拾、弄髒的衣服可以再洗。

父母做好模仿對象

幾乎每個孩子都喜歡模仿自己的父母，所以，父母應當嚴格規範自己的言行，為孩子樹立良好的模仿形象。孩子兩三歲時，中樞神經系統功能不斷提升，大腦結構趨於完善，能夠認識到更多東西，此時是模仿的最佳時期。在這個階段，父母應當抽出時間陪孩子玩樂。

父母可以逐漸增加模仿難度，進行一些律動表演，按照樂感、節奏、感情色彩等，讓孩子做豐富、明快的動作，多數孩子都能模仿得非常好。

其實，從孩子出生的那一刻起，他就在不斷學習、模仿，無論是說話還是走路，無論是運用工具還是與人交往的過程。父母應當把握好這個過程，鼓勵孩子積極模仿，為孩子創造力的發展打好基礎。

肯定孩子的好奇心

如今，資訊時代高速發展，孩子接受新鮮事物的能力越來越強，孩子的好奇心也較之前提升了不少。他們喜歡思考，

敢於提問，這是件好事。家長如果發現孩子對生命事情感興趣，應當因勢利導，積極的啓發孩子，培養孩子的好奇心和探究精神。

家長還應當懂得滿足孩子的好奇心，孩子對家長發問，是因為他們的知識、經驗還不足，在好奇心的驅使下提出了各式各樣的問題，處理不當，孩子的求知慾會受到抑制。我們應當尊重孩子的知識、能力、判斷力，在孩子面前誠實、謙遜，給孩子獨立思考的空間。與孩子討論問題時，家長不能太早下定論，防止挫傷孩子的好奇心。

一次，恩恩和媽媽一起看電影《冰原歷險記》，裡面的很多動物恩恩都不認識，媽媽一邊陪恩恩看電影，一邊給教他認識每種動物。當恩恩指著樹懶問媽媽時，媽媽還真是想不來那是什麼動物了，不過媽媽沒有覺得尷尬，而是和恩恩一起在網路搜尋相關資訊，終於找出了答案。

現實生活中，有的家長在面對自己答不上來的問題時，不是敷衍了事，就是隨口一句「我也不認識」，這可能造成兩種結果：永遠埋在心底不知道答案，或是記下家長給出的錯誤答案。家長應當在肯定孩子好奇心的同時，幫助孩子找出令他好奇事情的答案。

那麼家長應當怎樣做才算是在對孩子的好奇心予以肯定呢？

用正確的態度面對孩子的「破壞行為」

生活中，孩子的破壞行為有很多：拆、毀物品的事情幾乎每天都在發生。實際上，大多數情況下，孩子的這種行為是好奇心的表現：將玩具汽車拆開是因為他想知道汽車為什麼會動；把床單剪爛，是因為他想知道衣服究竟是怎麼縫製而成的。家長不能輕率的把孩子的「破壞」行為定性成「違規」，應當相信孩子，並且設法了解孩子出現這些行為的原因，了解孩子的真實需求、動機。肯定、鼓勵孩子探索行為的同時給孩子講道理，為孩子提供答案，以滿足孩子的好奇心。條件允許的話，家長可以為孩子購買一些廉價玩具，讓孩子盡情的拆裝。

滿足孩子「收集」的欲望

很多東西，比如花紙片、玻璃珠，雖然在大人們的眼裡再平常不過，甚至被看成「回收」；可是在孩子的心裡，哪怕只是一顆光滑的鵝卵石都會被看成無價之寶。如果家長把孩子手中的「回收」扔掉，孩子的好奇心就會被扼殺掉。我們為什麼不因勢利導，充分利用這些東西呢？

可以為孩子準備一個集標本用的冊子，和孩子一起把撿來的樹葉、花瓣固定在上面，同時幫助孩子為其寫下名稱。孩子如果對這些東西表現出濃厚的興趣，家長還可引導孩子進一步了解樹葉、花朵間的異同點。久而久之，孩子就會形成非常廣闊的知識面。

　　家庭條件允許的話，可利用窗臺、架子、房間角落為孩子存放他收集來的各種東西。與孩子一同為這些東西進行分類，同時用標籤標出名稱及說明。

　　孩子撿來的各式各樣的鵝卵石，家長可以將其清洗乾淨，之後按照顏色、大小、形狀等進行分類，可以在石頭上畫表情圖案，也可以將孩子收集來的標本樹葉貼到石頭上。這對於孩子好奇心的培養來說非常重要，還能夠促進孩子的智力發展。

積極回答孩子提出的問題

　　孩子常常會問這樣的問題，「太陽為什麼白天升起？」「月亮為什麼夜間升起？」……隨著年齡的增長，孩子的語言表達能力會逐漸提升，他在與成人的對話過程中會多了很多「是什麼」「為什麼」之類的詞語，這時，家長們應當注意傾聽孩子提出的問題，做孩子的忠實聽眾。孩子提問時，成人應當避免採用不理睬、厭煩、嘲笑等態度，以免讓孩子產生沮喪情緒，進而放棄提問，從而導致好奇心被掩埋，甚至泯滅。所以，家長在孩子提問時千萬不要責問孩子「你怎麼這麼煩人啊」「你有完沒完啊」等，這會傷害孩子的自尊心。正確的做法是：孩子提問時，家長應當放下手頭的事情，傾聽孩子說話，注視孩子，透過點頭、微笑等方式鼓勵孩子，同時用言語表達出對孩子所問問題的興趣。

家長如果知道孩子提出的問題的答案，應當直接告訴孩子，不能敷衍了事，尤其不能給孩子灌輸錯誤內容，以免孩子對事物產生錯誤認識。如果家長不知道問題的答案，應當如實告訴孩子「這個問題，我也不是很清楚」，之後同孩子一起查詢資料或諮詢他人，找出問題的答案。

第五章

培養孩子的學習能力

為孩子創造良好的學習環境

　　培養孩子的學習能力是每位家長迫切要做、想做，並且極力想做好的事情。家長對孩子學習方面的考驗是嚴厲的，而正是這份嚴厲，使得孩子們無法感受到父母內心的愛，從而對學習逐漸產生厭倦感。

　　有這樣一部分父母，他們的孩子怎麼教成績都上不去，於是，在外人面前，父母開始貶低自己的孩子，他們經常掛在嘴邊的話就是：「我真的不知道自己的孩子怎麼這麼笨，他的成績一直都上不去！」的確，作為家長，每位父母都在孩子的身上花費了大量心血，但孩子卻幾乎沒有什麼改變，這究竟是怎麼回事？

　　其實，無論多小的孩子，對惡劣的環境都會產生反向心理，在他們小時候，這種反向心理可能會被抑制，但是，隨著年齡的增長，這種情緒便會凸顯出來，最顯著的表現就是，他們拒絕接受知識。孩子處在這種狀態時，獲得的知識是非常少的，但是，他們卻會從家長那裡學到不好的態度、激烈的情緒等。

　　反之，如果孩子可以在友好、友愛、積極向上的氛圍中學習，他們就會對父母、老師產生信任感，自身的學習效果也會好很多。

　　的確，在家中，成績不好的孩子通常會受家長的訓斥；而在學校裡，成績好的孩子通常是老師的寵兒，成績不好的孩子卻幾乎不被老師放在眼裡。實際上，父母完全可以從成人角度去理解孩子。設想一下，如果自己在公司裡不受重視，而且被管得很嚴，自己是否能用積極的態度繼續工作呢？顯然不能，那為什麼要把這種氛圍強加給我們的孩子呢？

　　丁丁是家裡的女兒，從祖輩開始算起，幾乎沒有在學業上有所成就的。丁丁的家庭條件比較富裕，父母便將全部希望寄託在丁丁身上，希望她以後能在學業上有所成就。

　　從記事開始，丁丁每天都會接受各種才藝補習，如彈鋼琴、畫畫、數學、作文、英語、電腦等，繁多的課程使得丁丁完全沒有自由的玩樂時間，變得越來越孤僻。

　　丁丁九歲生日時，父母送給丁丁一套腦筋急轉彎大全和一盒彩筆，丁丁看到這些東西反而沒有絲毫興奮。

　　期末考試結束後，丁丁的各科成績都很不理想。父母非常失望，並且，老師告訴丁丁的父母，丁丁上課時經常分心，跟其他小朋友相處得也不是很好，很少露出同齡小朋友該有的笑容。

　　爸爸媽媽聽完老師的敘述，非常生氣，回家後大聲責問丁丁，丁丁卻哭著問他們：「你們到底是不是我的親生父母？」然後跑進臥室，把自己反鎖在房間裡，留下夾雜著氣憤、驚愕感

情的父母。

很多孩子雖然沒有產生像丁丁這種怨恨父母的情緒，卻也在父母和老師的嚴厲教訓中逐漸喪失了前進的信心。孩子幼小的心靈一直被陰暗籠罩，會變得越來越溫順、越來越膽怯，遇事時也越來越難自己拿主意。

沒有哪個孩子願意在批評和責罵聲中接受教育，相反，家長應該用更多愛去關心孩子、呵護孩子，盡量給孩子講道理，多鼓勵孩子，讓孩子自願接受家長的勸導。那麼給孩子創造良好的學習環境具體要從哪幾方面入手呢？

「說教」從小開始

有的家長經常會抱怨自己的孩子越來越不聽話了。其實，不是孩子越來越不聽話，而是家長從小對孩子進行的教育本身就是錯誤的，為孩子營造的學習氛圍不對。如果從孩子小時候就開始責罵他，甚至毆打他，可能孩子年紀小用這種方法可以看到成效，但等孩子稍微大一些，他就會對家長的做法表示出反抗，甚至對抗家長，讓家長誤以為孩子叛逆越來越無法管教了。實際上，孩子是聽話的，只要家長的說教有理，他還是願意接受的。從小對孩子進行說教，耐心的給孩子講道理，讓孩子感受到父母的關愛與呵護，才能讓孩子長大之後心中仍存對父母的感激之情，也願意聽從父母的說教。

不強迫孩子

每個孩子的興趣愛好都是不同的，父母不能主觀臆斷的為孩子選擇課程，強迫孩子學習各種藝術課，如音樂、美術、體育等，應當在孩子對其感興趣的基礎上讓孩子適度接受藝術課。對於孩子有天賦的藝術課，如音樂，也不能強迫孩子無休止的、高強度的練習，這樣只會讓孩子在原本感興趣的專業上喪失興趣。不但沒有達到學業有成的目的，還使得孩子在無形之中荒廢了一門學科。

鼓勵學習法

孩子在學習方面取得的成績是需要被認可的，家長應當在孩子取得進步時予以讚揚、鼓勵，這樣才能提升孩子的自信心，促進孩子繼續前進。如果孩子取得的每一點進步都得不到認可，他就會認為自己所做的一切都是毫無意義的。久而久之，孩子便會原地踏步、不思進取。

可能有的家長會疑惑，學習環境的好壞只與孩子的成績掛鉤，和孩子的領導能力之間好像沒有什麼關係吧？其實不然，孩子擁有領導能力的前提是擁有好的學習能力，因為只有品學兼優的孩子才能更穩固的在同學中間立足。所接受的教育是優良的，所處在教育環境、氛圍是最佳的，這樣的孩子更容易受同學們的歡迎，也更願意與其他同學溝通，在同學中間突出自我，起帶頭作用。

鼓勵孩子多問問題

　　愛因斯坦曾經說過：「對科學研究來說，提出問題比解決問題更重要。」世界上，很多有成就者在童年時代都有「打破砂鍋問到底」的特點，他們時刻表現著自己的求知慾。家長應當多鼓勵孩子問問題。

　　孩子常常會提出「是什麼」「為什麼」的問題，很多父母聽到孩子無休止的提問時會表現得不耐煩。其實，孩子提出各種問題對孩子思維的發展有促進作用。思維通常從提問開始，如果你的孩子幾乎不問問題，或是根本沒有問題可問，你才應該擔心如何克服孩子出現的這種問題。

　　林翔今年三歲半，已經可以說清字句的林翔不斷的問媽媽各種問題，媽媽對林翔問來問去的做法感到不耐煩，常常訓斥他，甚至因為他問個不停而把他獨自關到房間裡。久而久之，林翔變得沉默寡言，不再向媽媽問「為什麼」。之後，林翔上了幼稚園，表現得非常乖巧，一整天不說也不動。老師跟林翔的媽媽說林翔太過乖巧了，需要她積極配合調整林翔的心態，讓他變得積極、開朗起來。

　　那麼家長應當怎麼做才有助於孩子勇於提出問題呢？

鼓勵孩子提出問題

　　首先，家長應當先回憶一下自己是怎麼對待孩子好奇心

的。通常情況下，孩子都有好奇心，不是看看這個，就是摸摸那個，在他們有所表現時若是遭到大人厭煩、斥責、冷淡，時間一久，孩子就會不敢提問。孩子頭腦裡的問題得不到解答，自然不會多想問題，大腦也不會再進行積極的思維活動了。

所以，家長對孩子的好奇心一定要加以重視、鼓勵，摒棄冷漠、厭煩的態度，鼓勵孩子多問問題。孩子和家長一起玩時，家長可以與他比賽誰提的問題多，或是大人提問，促進孩子進行觀察、提問或找答案。

比如：孩子可能會問：比目魚的兩隻眼睛為什麼長在同一邊？牠為什麼會生活在水裡？牠怎麼呼吸？孩子可以回答或提出問題，說明孩子正在積極的觀察生活。

並且，家長應當常常對孩子提問，引導孩子觀察、思考問題，讓孩子的思維經常處在積極的活動狀態，這更利於孩子的思維發展。

比如：孩子玩紙飛機時，飛機會反覆落在地上，撿起來之後它還會再落地，家長可以問孩子：「這個紙飛機為什麼總是飛不上去呢？為什麼最後是往下掉呢？」。

家長可以給孩子提出很多其他問題：

如果你走進森林，迷路了怎麼辦？如果野貓來叼小鴨怎麼辦等？這些屬於假設性問題。

西瓜是什麼顏色的？你的新玩具是什麼顏色的？這些屬於

描述性問題。

摩托車和自行車什麼地方不同？變色龍和壁虎像不像，哪些地方長得像等？這些屬於比較性問題。

牛、羊屬於野獸還家禽、家畜？黃瓜屬於水果還是蔬菜？這些屬於分類性問題。

雞蛋從哪來？我們用的電從哪來？這些屬於起源性問題。

你在向孩子提出問題之後，應當給孩子一段思考時間，不能急著讓孩子回答出完善答案，更不能立即將答案告訴孩子，因為這樣做不利於孩子思維的發展，還可能會干擾孩子回答問題的積極性。

肯定孩子提出的問題

一次，我講個故事給孩子聽，故事的內容為：小鹿種了玫瑰花，盼著它開花，但是就在它要開花時，小鹿病了，錯過了開花時間。但是玫瑰花給其他小動物帶來了快樂，給大自然帶來了美麗，小鹿也非常開心。

講完這個故事後，兒子問我：「小鹿的玫瑰花開了，小鹿怎麼沒看到呢？」問題提出後，我很驚訝，兒子怎麼會問這麼簡單的問題呢？之後，兒子又問：「是不是玫瑰花長得太高了，葉子把花遮住了？」我給兒子解釋說：「玫瑰花開花的時間不足一個月，而且一年只開一次，可是小鹿生病了，在家裡養病，病好之後，玫瑰花已經凋謝了，所以小鹿才沒看到玫瑰花。不過，

你能提出這個問題，媽媽非常高興。」兒子聽到我對他問問題的行為予以肯定，開心得又蹦又跳。

媽媽對孩子提出的問題予以肯定，孩子下次還對將心中的疑惑大膽的說出來，反之，如果家長責問孩子：「你怎麼問這麼笨的問題啊？」孩子就會變得沒自信，認為自己笨拙，久而久之，就會不敢問問題。家長不能用大人的理解能力和孩子做比較，因為孩子的認知範圍還比較窄，對很多東西缺乏認識、理解，家長對孩子提出的問題予以肯定，才有助於孩子提出更多為什麼，更加自信的去探索世界。

培養孩子良好的學習習慣

成功的教育是從良好習慣開始的。教育的核心並不僅僅是傳授知識，還包括學會做人。習慣是一個人存放到神經系統上的資本，養成良好習慣，一生都會受益匪淺。

習慣的力量是巨大的，一旦養成一個習慣，就會在不知不覺中沿著這個軌道運行。若是好習慣，會受益終身；而壞習慣，則會遺害終身。兒時是培養習慣的最佳時期。有這樣一個公式可以說明早教的重要性：早期教育一公斤力氣＝後期教育花一噸的力氣。

幾年前，幾十位諾貝爾獎得主聚會時，記者問其中一位：「請問您覺得您是在哪所大學學到了自己認為最重要的東西？」

那位科學家平靜的說:「幼稚園。」「幼稚園?」「學會了將自己東西分一半給夥伴,不是自己的東西不能拿,東西應當放整齊,做錯事情要道歉,仔細觀察事物。」那位科學家的回答讓人感到吃驚,但也說明了兒時養成好習慣對人生有著決定性作用。學習習慣也是如此,應當從小養成。

什麼是學習習慣呢?學習習慣就是指孩子在一定的學習環境中主動進行某些活動的特殊傾向。等到這種習慣養成時,孩子就會主動去學習。

小朱四歲時,媽媽就開始教他下象棋,每天晚上六點媽媽都會陪小朱下象棋。

一年之後,小朱五歲時,媽媽帶他去祖母家,晚上六點時,小朱拉著媽媽的手問道:「媽媽,我們為什麼還不下棋啊?」媽媽說:「祖母家沒有象棋,我們回家以後再下好不好?」經過一番勸說,小朱才同意回家之後再下棋。有時吃飯的時間晚了,媽媽會將下棋的時間推遲。可有時,媽媽會由於忙於家事而忘記下棋這件事。這時,小朱就會提醒媽媽,或者去找爺爺、爸爸下象棋。

那麼家長應當怎樣培養孩子良好的學習習慣呢?

培養好習慣,改掉壞習慣

比如:在培養孩子畫畫的習慣時,家長可以讓孩子今天畫小兔子,明天畫在草地上吃草的小兔子,後天可以在草地上畫

棵樹，大後天可以在天空畫白雲和太陽……每天不斷增加畫面內容，孩子自然會養成畫畫的習慣。那麼如何克服壞習慣呢？比如：孩子的耐性比較差，學習時常常還沒坐熱板凳就吵著要出去玩，細心的媽媽會發現孩子在寫作業時，不是要吃東西，就是要上廁所，一個小時停下來四五次。家長不能看到孩子有這樣的表現後焦急憤怒，而應當耐心的建議孩子：坐下之前把該做的事情做好，給孩子定規矩，具體到可以出去幾次，比如：孩子第一次寫作業時出去了五次，媽媽就可以鼓勵他下次寫作業時出去四次，過幾天再寫作業時鼓勵孩子出去三次……以此類推，直至孩子能夠集中精力將作業寫完，這既可以幫孩子克服不良習慣，還能夠保護孩子的自尊心。家長應當明確一點，好習慣的養成並非一朝一夕的事，切不可急於求成，應當有足夠的耐心。

培養孩子的學習興趣

孩子的學習興趣應當在兒時培養，不同年齡層的孩子素養不同，孩子的興趣通常有其獨特性。孩子興趣的發展、表現，通常和他的天賦、素養有關。家長常常會問孩子有什麼興趣，應當引導孩子將自己的興趣發展開來。

學習如果可以帶給孩子快樂，孩子就一定會喜歡上學習，年紀越小的孩子學習時越以直接興趣為主。比如：有的孩子喜歡唱歌，那麼他就會在任何場合展示自己的歌喉，願意在鋼琴

鍵上按來按去，聽著不規則的旋律。想讓孩子覺得學習是件快樂的事情，就要對孩子多表揚、少批評。善於發現孩子身上的優點。不能總是把「他就是貪玩」「他什麼都不會」掛在嘴邊，這會讓孩子覺得自己很差，進而厭惡學習。孩子真的犯錯了，家長可以批評孩子，不過要讓孩子明白自己為什麼受批評。家長或老師應當盡量讓孩子掌握好知識，這既能夠提升孩子的自信心，又可以讓孩子體會到學習的快樂。

還應當為孩子明確學習目的，利用孩子對學習的直接興趣來激發其勤奮學習。比如：孩子喜歡表演，但卻不喜歡辛苦的練習舞蹈，家長可以利用孩子對結果產生的興趣督促孩子勤奮練習。每個孩子都有好奇心，所以，家長可以利用好奇心來激發孩子對學習的興趣。同時，為孩子創造良好的學習環境有助於提升孩子的學習興趣。

有效注意力培訓

良好的注意力是伴隨孩子成長不容忽視的因素。在幼兒期培養孩子良好的注意力也能夠提升孩子對學習的興趣。比如：可以透過「複述」練習提升孩子的注意力，讓孩子讀過一篇故事後，合上書敘述故事中的情節、人物等；也可以透過拼圖提升孩子的注意力。方法很多，有待家長發掘。

幫助孩子養成讀書的好習慣

書對孩子的影響很大，不但能夠教授孩子知識，還能夠幫助孩子認識世界，對孩子各方面能力的培養都非常有幫助。好的讀書習慣能夠讓孩子受益終身，可以透過以下方法培養好的閱讀習慣：每天晚上臨睡前給孩子講故事，週末帶孩子到圖書館去看書……要做到這一點，家長應當經常看書，在不知不覺中影響孩子。

培養孩子主動學習的習慣

一天，媽媽買來幾個火龍果。五歲的張生被這個自己從未見過的東西吸引了，就問媽媽：「這是個什麼東西啊？」媽媽回答說：「這是火龍果，可以吃的，它的外皮紅而軟，你聞聞它，有股香甜的味道，我們到廚房把它切開吧，你可以嘗嘗。」

張苗的媽媽也買了幾個火龍果回家，當問及這是什麼時，媽媽告訴她：「這是火龍果。」之後就把它放到地上，自己忙著處理其他事情去了。張苗伸手摸摸了火龍果，很光滑，之後他用手撕了火龍果的皮，發現裡面是黑白相間的果肉，高興的對媽媽說：「媽媽，火龍果裡面有『小芝麻』！」媽媽笑著說：「呵呵，那不是小芝麻，是火龍果的種子，你還發現什麼了？」張苗吃了一小口火龍果，告訴媽媽：「火龍果又甜又香，好吃極了。」

兩種不同的回答方式，自然會導致不一樣的結果。第一種回答方式，孩子很快就能了解火龍果的名稱及特性；而第二種

方式孩子也知道了火龍果的名稱、特性，但同時學會了認識火龍果的方法，摸一摸、嘗一嘗、聞一聞等，下次再給孩子拿來其他東西時，他還是可以透過這種方法探索它、認識它。多數家長習慣採用第一種方法教孩子認識事物，剝奪了孩子主動學習的機會，應當為孩子建立起主動學習的習慣。

激發孩子對學習的興趣

在前面我們也已經提到過，孩子的注意力非常短暫，很容易被外界事物吸引，想讓孩子安安靜靜坐下來學習並不是件容易的事情。媽媽讓孩子練習彈鋼琴，還沒彈十分鐘，孩子就不耐煩了；新買的故事書，沒翻幾頁就直接扔到一邊不管了……面對孩子的種種表現，家長常常會撓頭，要怎麼做才能讓孩子對學習提起興趣呢？

有的東西孩子從來都不想接觸，家長不用擔心，只要用對方法，找出孩子對其沒興趣的原因，用正確的方法糾正孩子這一行為，即可重新拾起他們對學習的興趣。

孩子的先天氣質不同，學習事物的持續時間也會不同，那怎麼維持孩子的學習興趣呢？家長通常不了解孩子究竟喜歡什麼，不妨多試幾種，就會發現孩子究竟喜歡哪種了。

如果孩子對某種事物有強烈抗拒感，家長不一定要逼著孩子去喜歡，要暫時停止讓孩子學習，過段時間再鼓勵孩子，可

能情況就不同了。

李朗的父母都是音樂教師，從李朗三歲開始，父母就逐漸讓他接觸各種樂器，教他識譜。為了讓李朗專心學習音樂，爸爸媽媽不允許他在學習基礎知識的同時參與其他任何課外娛樂。李朗五歲時，一次，媽媽讓他去彈鋼琴，可是他大哭大鬧就是也不肯去。媽媽一巴掌打在李朗臉上，誰知李朗用怨恨的眼光看著媽媽說道：「我恨你！」媽媽覺得非常吃驚，擔心李朗會出現心理障礙，便不再逼迫他學音樂了。

一次，幼稚園舉行畫展，李朗居然得了張大大的獎狀，他開心的拿回家給爸爸媽媽看。雖然畫畫得粗糙、幼稚，但爸爸媽媽能夠看出李朗確實畫得很用心。之後媽媽打電話給老師，老師也說李朗在學校裡表現很好，尤其是在畫畫方面表現出了濃厚的興趣，爸爸媽媽這才明白，自己給孩子選擇的藝術課並非孩子的興趣所在。而在擁有眾多藝術課程的學校之中，李朗最終選擇了美術，對美術產生了濃厚的興趣。

家長激發孩子學習興趣的方法有很多，下面就來為大家具體介紹一下：

精神和物質上的鼓勵

可以透過手勢、言語等鼓勵孩子，比如拍手或讚美，但是應當具體的讓孩子知道他們究竟哪裡做得好，比如：可以說：「寶貝，你的鋼琴彈得真不錯。」

可以準備些小禮物、小糖果、餅乾等，等到孩子在某方面表現得很好時，給孩子些物質獎勵，但是這種獎勵可逐漸減少，直至孩子不是因為物質才參與其中。

覺得孩子表現得不錯時，可以帶著他到戶外走走，或是玩玩遊戲，可以讓孩子帶頭同大家一起玩，這樣孩子又會非常有榮譽感，就能夠繼續專注做這件事了。

可以透過分數、可愛圖案的圖章或貼紙等來獎勵孩子，讓孩子知道自己表現得非常好，還可以為孩子列個表格，記錄孩子一個星期的表現，用來比較孩子每天的表現，所得的符號越多，則說明表現得越好。不過這種方法應當逐漸減少使用，讓孩子在沒有得到圖章或貼紙時也願意去做。

家長都有望子成龍、望女成鳳的心，不過太過急切是難見成效的，因此，應當逐漸發覺孩子喜歡的活動。實際上，順其自然，讓孩子快樂的學習很重要。

各種能力的培養

培養孩子的閱讀習慣，對孩子今後的成長來說非常重要。家長希望孩子喜歡閱讀，可以透過符號性提升法鼓勵孩子，比如：拿著表格告訴孩子：「你今天讀了幾篇故事？媽媽就會為你貼上幾顆星星！」

對於年齡小的孩子來說，家長可以和他們一起閱讀，或是給他們講故事，講故事時，聲調不能太誇張，但要生動有趣，

或是透過手偶來扮演故事裡的角色，或是帶他們看些關於兒童劇的書，讓孩子熟悉裡面的內容，這樣他們自然就會愛上閱讀。

培養孩子的音樂素養時，可以在家中為孩子放不一樣的音樂，多聽些旋律不同的音樂，刺激腦部對音樂的靈敏度。此時如能加上樂器就更有趣了。可以從簡單的敲擊樂玩起，家中不一定有真正樂器，可以透過簡單的碗、罐敲打音樂。

平常帶孩子去大自然寫生，讓孩子畫看到的東西，能夠提升孩子對於顏色的敏感度，若是在家中，可以透過說故事的方法引導孩子畫出故事裡的人物、動物、植物、房屋等，透過自己的想像力、創造力畫出不一樣的事物。可以用各種素材教孩子玩貼畫遊戲，對稍微大些的孩子來說，素材和教具越多的遊戲、課程，越能夠引起他們的興趣。對於小點的孩子來說，越單純越好，防止他們手忙腳亂。

多數孩子都喜歡運動，因此，家長平時要多帶孩子去戶外活動，這不但能夠鍛鍊孩子的體能、手腳協調能力，還能夠透過各種親子遊戲，讓親子之間有更為密切的關係。此外，孩子在玩樂時，不但能夠呼吸到新鮮空氣，還能夠在活動的過程中學到很多東西。

從孩子小時候開始，給孩子買些益智玩具，讓他們自己去了解玩具的玩法，比如積木、拼圖、串珠子、走迷宮等，這不但能夠讓孩子多動腦，還可以培養孩子的耐心、邏輯概念。孩

子稍大些後，可以讓孩子學著下象棋、跳棋，這種非學術性活動，能夠讓孩子對課堂上的事情變得有耐心。

創造多元學習環境

孩子的年紀比較小時，尚看不出真正興趣，家長可以讓孩子進行多方面嘗試，多為孩子提供學習機會，這就是「多元智慧」，即多元的發掘孩子潛能，家長應當尊重孩子的選擇，讓他們盡情的發揮，這樣孩子的發展機會就會增多，只要他感興趣，就一定可以發揮好。

不過，家長在發現孩子對某些事情毫無興趣時，不要太緊張，也不用一直強調這件事，先將其暫停，可能只是孩子一時心情不好不想學，或許過陣子他就喜歡了。孩子越大，體驗就會越多，對事情的感受也會隨之加深，對學習自然更有興趣。

總之，興趣為孩子學習的良師益友。只要激發出孩子的興趣，他們的學業成績自然就提升上去了。

鼓勵孩子探索知識

曾經有位母親，一直盼望著自己的孩子成才。一天，這位母親把孩子帶到了知名的物理學家面前，知道這位母親的來意後，物理學家並沒有向她炫耀自己的奮鬥經歷、成才經驗，而是要求這對母子到自己的實驗室去一下。到達實驗室後，物理

學家將一個手電筒遞給孩子，手電筒沒有發光，孩子拿在手裡覺得好奇。突然，他看到手電筒上有個凸出的地方，用力按了一下，媽媽趕緊制止：「什麼在響？放手！」孩子一哆嗦，「啪」的一聲，手電筒掉在了地上。物理學家哈哈大笑，對孩子的母親說：「這不過是個摩擦發電的手電筒。」說完，他撿起手電筒，用力按了幾下孩子剛剛按過的地方，再一打開，手電筒果然亮了。物理學家繼續對那位母親說：「其實，孩子剛剛已經發現了讓手電筒發光的方法，而你的呵斥卻讓一個天才不敢再繼續探索。」

　　孩子在探索的過程中，小手總是喜歡摸摸這裡、摸摸那裡，搜尋一切可以抓到手中的東西。所以，家長有必要為孩子提供一些相關聯的語言，告訴孩子哪些東西可以用手碰、哪些東西嚴禁碰觸，哪些東西可以「輕輕」碰。對於那些任性，看到東西就抓的孩子來說，家長可以鼓勵他「用一根手指輕輕碰碰看」。

　　在教育實踐的過程中，家長應當鼓勵孩子主動探索，激發孩子對科學的興趣。培根曾經說過：「知識是一種與生快樂，而好奇心就是知識的萌芽。」孩子對科學的興趣從對科學的好奇開始，所以，家長應當懂得如何充分調動孩子去探索，激發孩子對科學的興趣。那麼具體可從哪幾方面入手呢？

提供活動材料

通常情況下，孩子不會對太熟悉的東西感興趣，所以，家長應當適度為孩子準備些新穎的活動材料，以便引起孩子的注意、激發孩子的探索欲望。

比如：為了讓孩子認識各種水果，家長可以從超市中購買各式各樣的水果，包括孩子日常接觸較少甚至沒有接觸過的，之後鼓勵孩子從不同角度感知水果的多樣性、共同點。孩子在形成概念的同時也能夠在對比中認識到水果的品種。

重視孩子自身的探索活動

孩子的發展並不取決於主體或客體，而是取決於主體、客體間的相互作用，知識是對客體作用之後獲得的，要在操作活動中透過大腦抽象才可以形成經驗。說明自身探索互動對孩子的發展來說非常重要，沒有孩子自身的探索活動也就不能提及學習這個概念。

重視孩子自身的探索活動，讓孩子積極主動的參加活動。家長可以深入到孩子當中，參與孩子的互動，指導孩子嘗試，允許孩子之間的交往，鼓勵孩子用自己的方式感知未知事物，哪怕只是微小的發現，也應當對其予以肯定。

孩子發現、提出問題之後，家長或老師應當鼓勵孩子去解決問題。比如：孩子可能會問：「空氣在哪裡？」那麼之後，就會嘗試著用手抓空氣、用嘴咬空氣、用袋子裝空氣。再之後，

他們就會發現，空氣可以讓塑膠袋鼓起來，他會很開心的告訴你：「我找到空氣了。」

當孩子把筷子放到水裡時，他會發現，筷子變彎了；當孩子把油倒入水中，他會發現油浮了上來；當孩子把石頭放入水中，他會發現石頭沉下去了……這些都是探索的過程，家長千萬不能因為擔心孩子「闖禍」或受傷而對其厲聲制止。

保持孩子學習的高漲情緒

孩子的探索行為受情緒、性格、情感、經驗等方面影響。而情緒對孩子心理活動、行為的發展影響非常大，直接指導孩子的行為，積極的情緒狀態，能夠提升孩子的探索欲望。在孩子探索的過程中，家長應當予以鼓勵、支持，讓孩子獲得成功是激發孩子興趣、願望的催化劑。可能有時孩子會產生錯誤的想法、做法，甚至固執己見，此時，家長應當允許孩子去嘗試，不能對其否定、制止。當孩子看到結果覺得難為情時，家長也要鼓勵孩子，並幫助孩子分析失敗的原因，找出正確答案。

集中孩子的注意力

注意力是一個人成大事的必備素養。孩子若是無法集中注意力，就會難以將事情做好，也很難被人認可。所以，在培養孩子領導力、提升孩子學習能力的過程中，一定要讓孩子集中

注意力。

著名物理學家牛頓將自己一生中的大部分時間花費在實驗室裡；著名生物學家達爾文將自己一生中的大部分時間花費在大自然中；著名畫家達文西將自己一生中的大部分時間用在畫室裡……

俄國教育學家烏申斯基曾經說過：「注意力是我們心靈的唯一門戶，意識中的一切，必然都要經過它才能進來。」確實，注意力為智力結構中的重要組成部分，是發揮孩子創造力的關鍵因素。父母應當從小培養孩子的注意力，讓孩子養成集中注意力做事的習慣。

曉陽是個非常調皮、好動的孩子，是家裡的獨生女，因此爸爸媽媽都非常嬌慣她。曉陽平時做事很少有耐心，上課時常常不能集中注意力，不是和同桌聊天，就是玩橡皮擦、鉛筆、紙屑等，爸爸媽媽經常無奈的說曉陽有「注意力不足過動症」。由於做事無法集中注意力，曉陽各方面的學習效果都不是很好，大班裡教的基礎字她根本不認識幾個。

其實，像曉陽這樣的孩子很多。這類孩子的父母大都認為孩子太小，過於寵愛孩子，平時不怎麼注意培養他們的行為習慣，導致他們好動、注意力無法集中等。

對於正處在學習年紀的孩子來說，注意力不集中可能會導致以下危害：

學習上花費的時間較其他小朋友長

注意力渙散的孩子完成作業要比普通孩子多花百分之四十～百分之六十的時間，學習的負擔比其他孩子更大，如此一來，他們就會喪失一部分玩樂、運動、閱讀的時間，學習難以進入良性循環狀態。

難以勝任難度較大的學習內容

通常情況下，難度較大的問題需要持續、長時間思考，很多孩子由於無法持續思考，在面對難度較大的問題時會變得沮喪。

思維速度、書寫速度上不去

注意力不集中的孩子的思考、書寫速度相對其他小朋友會慢些，如果家長或老師一開始不注意孩子這方面的問題，孩子上中學後，學習速度上不去就會更為困惑，掌握不了學習主動權，成績也會落在別人後面。

那麼家長應當怎麼做才能培養好孩子的專注力呢？

提升孩子的自制力

想讓孩子專心的去做某件事，家長就要從控制孩子的外部行為做起。比如：孩子看書、繪畫時，家長要監督孩子保持正確的姿勢，不能讓他們亂摸、亂動。家長也可以讓孩子進行一些專門訓練，如書法、繪畫等，均有助於提升孩子的自制力。

訓練的過程中可以為孩子固定好時間和地點，這樣能夠形成定向心理活動，當孩子習在習慣的時間、地點坐下時就可以集中精神做事了。

　　家長也可以透過鼓勵的方式提升孩子的自制力。比如：孩子平時寫作業總是喜歡東張西望或分心，家長可以許諾孩子如果認真完成作業就送一件他喜歡的東西作為獎勵。

讓孩子在規定時間內做完作業

　　父母應當要求孩子在一定時間內完成作業。這樣，在有限的時間內，孩子就會集中注意力，認真完成作業。年齡不同的孩子注意力穩定的時間也不同，通常情況下，五～十歲的孩子能夠集中注意力二十分鐘左右；十～十二歲的孩子能夠集中注意力二十五分鐘左右；十二歲以上的孩子能夠集中注意力三十分鐘以上。從這一系列的資料中我們也可看出，讓一個十歲的孩子坐在座位上六十分鐘寫作業幾乎是不可能的。家長應當根據孩子的年齡特點為孩子安排合理時間，讓孩子在適當時間集中注意力寫作業或完成學習任務。

　　父母不能給孩子布置太多工，否則，超過了孩子的注意力穩定時間就會不利於孩子集中注意力做事，他的學習效率也會降低。父母如果不讓孩子休息，一味的讓孩子寫作業，甚至一直在孩子身邊嘮叨，會使孩子產生反向心理，使孩子喪失學習興趣，注意力大大降低。

在興趣中培養孩子注意力

孩子的專注力雖然相對較低，但如果是做自己感興趣的事情，就會表現得很投入、很專心。孩子的注意力可以基本上直接受興趣、情緒控制，所以，家長應當注意把培養孩子廣泛興趣和培養孩子注意力結合在一起。

孩子的興趣應當透過誘導方式激發，或是利用孩子的特點激發。比如：孩子喜歡畫畫，可以給孩子買臨摹畫冊，給孩子講述畫畫技巧，讓孩子的畫畫技能不斷提升；孩子喜歡故事，可以給孩子買些配圖的故事書，告訴孩子好聽的故事是用文字編寫出來的，進而激發孩子的興趣等。可以在趣味識字過程中培養孩子對事物的興趣。

給孩子留出遊戲時間

幾乎每個孩子都喜歡做遊戲，而遊戲可以激發孩子的興趣，讓孩子心情舒暢。遊戲的過程中，注意力集中程度、穩定性都會有所提升。所以，父母要讓孩子多做遊戲，同時在遊戲過程中培養孩子的注意力。

孩子進行遊戲時，父母可以參與進去，最好不要用局外人的方式觀察孩子的遊戲情節，更不能隨意打斷、提醒正在進行遊戲的孩子。父母不要認為孩子們做的遊戲無聊、是浪費時間等，因為孩子注意力的培養就是從遊戲開始的。

培養孩子注意力的方法還有很多，家長可以在生活中多多

挖掘，根據孩子自身特點選擇適當方法，有計畫、有目的的訓練、培養孩子的注意力。

讓孩子養成謙虛的品格

有句話說得好：「謙虛使人進步，驕傲使人落後。」的確，驕傲的人往往自以為達到了至高境界，趾高氣揚，於是便停滯不前。殊不知，學無止境，抱著驕傲的心態，很快就會被後來者超越。

一次，著名畫家徐悲鴻正在畫展上評議作品，一位鄉下老農走到他跟前，說道：「先生這幅畫裡的鴨子畫得不對，你畫的是麻鴨，雌麻鴨的尾巴沒有這麼長。」徐悲鴻當時展出的是《寫東坡春江水暖詩意》，畫裡面的鴨子尾羽很長，捲曲如環。那位農夫告訴徐悲鴻，雌麻鴨的毛是麻褐色，尾巴非常短。徐悲鴻認真的聽著，向老農表示了深深的謝意。

雖然徐悲鴻的畫受人追捧，他是畫界名師，可是他並沒有因此倨傲，面對老農給予的評價，他表示了深深的謝意。無論你身處何位，犯錯誤總是難免的。面對錯誤，最先要做的就是謙虛的接受別人的意見，承認錯誤，改正錯誤。

現在，很多孩子由於年紀較小，再加上家長、老師的寵溺，恃寵而驕，無視別人意見，甚至對給予意見者置之不理，認為其「存心找碴」。孩子產生這種心理，多是家長從小對孩子

進行的謙虛教育不理想所致。那麼家長應當怎麼培養孩子謙虛的品格呢？

開闊孩子視野

狹窄的眼界、胸懷容易讓孩子變得驕傲，家長應當開闊孩子的胸襟、視野，引導孩子走出狹小圈子。帶孩子走向更加廣闊的地方，陶冶孩子的情操，給孩子講一些名人事蹟，豐富孩子的頭腦。如果孩子回家之後跟父母說班上某某同學哪方面不如自己時，父母千萬不能因此自豪，面對孩子這種沾沾自喜的表現，父母要及時制止，告訴孩子「向別人的長處學習，不能嘲笑別人的短處」。

讓孩子了解驕傲的危害

驕傲的人大都視野狹窄，容易脫離實際、真理，挫折、失敗也會在無形中向你靠近。家長應當讓孩子明白，驕傲是健康成長道路上的絆腳石，任何成績的取得都是階段性的、局部的，只能作為起點來看。

就拿學習來說，知識是沒有盡頭的，如果因為一時的成績而忘記了努力，不繼續獲取更多知識，就會面臨下一次考試的失敗。家長可以為孩子介紹一些成功者的經驗，告訴孩子，但凡有所作為的人取得成績後都可以繼續謙虛奮進。

說明孩子正確認識自己

驕傲的人大都在某方面有長處，常常認為自己有驕傲的「資本」，可哪個人沒有長處呢？你說你頭腦機靈，可人家踏實肯做；你說你文化水準高，可人家經驗多；你說你成績優秀，可人家的人緣好……如果每個人都將自己的長處看作驕傲的資本，互相輕視對方的短處，那麼長處就會變成短處，成為前進道路上的絆腳石。把本不是長處的東西看成自己的長處，會讓人恥笑。

父母應當先分析孩子為什麼驕傲：是成績優於別人，還是才藝優於別人，之後讓孩子認識到，自己身上的優勢只是限定在小範圍內，放到大範圍中就會喪失優勢。孩子應當積極進取，不能驕傲懈怠，優勢常常與不足同時存在，應當將重點放到彌補不足上。

不能輕易表揚孩子

孩子的自制力相對較差，常常聽到表揚後就揚揚得意，迷失自我，之後變得越來越平庸。相信很多人都聽過「驕傲的將軍」這個故事，將軍本來是英勇善戰的，可是因為驕傲變得越來越輕敵，最後被敵方擒住。相信很多家長也看過《斯特納夫人自然教育》這本書，誰能想到那麼優秀的孩子 —— 小維尼，三歲就會寫詩歌、散文，四歲就能寫劇本，五歲發表作品，並且可以熟練運用八國語言……可就是這樣「全能」的孩子，她的母

親也非常注意培養她的謙虛品格，生怕她滋生驕傲自滿情緒，
毀了前程。

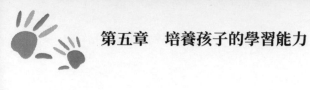

第五章　培養孩子的學習能力

第六章
培養孩子的責任感

培養孩子的責任心

　　責任心對於孩子的成長來說至關重要，沒有責任心的孩子做事很容易半途而廢。在早期教育中，多數家長重視的是對孩子智力、某項技能的培養，卻忽略了責任心這項重要素養。

　　為了讓小永從小形成責任感，無論在家中還是在小永和其他小朋友玩樂時，媽媽都會有意識的讓小永承擔一定的責任，讓他感受到自己的行為正在影響朋友們。在這種潛移默化的培養中，小永的自信心也逐漸增強了。

　　有一次，家裡來了很多客人。小永也跑到廚房幫忙，為客人準備午餐。媽媽讓七歲的小永負責洗菜。菜餚烹飪好後，小永又負責將菜餚端到餐桌上擺放好。從那之後家中每次聚會時小永都會承擔一定的事務，比如擺放鮮花、餐具、烤麵包、清潔打掃等。

　　讓孩子承擔一定的責任，能夠很好的培養孩子的責任感。讓孩子多參與具體事務，並且鼓勵孩子盡心盡力的去做，那麼孩子的責任心就能夠一步步提升。

培養孩子的責任感從家庭入手

　　家庭是孩子成長的重要環境，所以，培養孩子的責任感應當從家庭入手，讓孩子擔當家庭中的小助手，放開孩子的雙手，賦予孩子一定的權利，讓孩子在某些事情上做主，這樣他

才能體會到自己在這個家中的位置有多麼重要，才能體會到什麼叫責任。家庭中做某些決定時，也可以徵求孩子的意見，對孩子提出的意見、想法予以積極的鼓勵、表揚，對於正確、可行的意見、想法予以實施。

和孩子一起做

父母對孩子的影響是非常大的，為了培養孩子的責任感，父母也應當注意自己的言行，並且為自己的言行負責，做好榜樣。比如：父母答應孩子週末幫狗狗蓋房子，就應當在沒有極特殊的情況下和孩子一起完成這個任務。

培養孩子責任心的過程中，應當堅持兩個原則：不管發生什麼事情，都不能強求孩子；盡力做好生活中的每件事情，以身作則。如果父母不以身作則，一味的要求孩子做這做那，孩子就會覺得自己被強迫，很難從心底服從父母，也就難以做好事情。

讓孩子對自己的言行負責

不管孩子多小，都應當讓他為自己的言行負責，孩子犯錯後，不要因為哭泣而縱容他，應當讓孩子負一定的責任，為自己犯的錯誤承擔後果，告訴孩子要勇敢面對錯誤，而不是逃避責任。

樂樂很喜歡看卡通，有時候一看就是一兩個小時。一次，

媽媽買來兩盒蛋糕，蛋糕剛放在桌子上，鄰居家的阿姨就過來找媽媽一起去超市。媽媽擔心糕點會被家裡的貓咪吃掉，於是對樂樂說：「樂樂，你看好蛋糕，這是我們的晚餐，媽媽再去超市買幾盒牛奶。」樂樂一邊看著電視，一邊回應道：「好啊，媽媽，您去吧，我會看好蛋糕的。」

但是卡通的誘惑讓樂樂忘記了媽媽的囑咐。媽媽回家時，發現蛋糕已經被貓咪啃壞了幾塊。媽媽沒有說話，晚餐時，媽媽拿出兩片樂樂最不喜歡的吃吐司和兩杯牛奶。樂樂疑惑的問媽媽：「媽媽，新買的蛋糕呢？我們為什麼不吃蛋糕？」媽媽微笑的對樂樂說：「因為樂樂的疏忽，蛋糕已經被貓咪啃過了，上面沾滿了細菌，我們不能再吃了。家裡除了吐司沒有其他食物了。」樂樂聽到這裡，猛然想起下午的事情，因為自己的不負責任，使得他們的晚餐沒了著落。想到這裡，樂樂羞愧的對媽媽說：「媽媽，對不起，都是我的錯，下次我一定會負好自己的責任。」

平時在家裡，父母應當和孩子進行平等交流，用心傾聽孩子的心聲，向孩子談自己的感受，允許孩子犯錯誤，並且對孩子勇於負責的精神給予讚揚。孩子每次犯錯時勇於承擔責任，都表示他在進行自我完善，正逐漸走向成熟。

教育孩子要做誠信的人

誠信即誠實守信，而誠實即忠誠老實，不撒謊，不扭曲事實，不隱瞞個人觀點，做事光明磊落，實實在在。守信即遵守承諾，講求信譽，重視信用，敢於履行、承擔義務，進而獲得信任。誠與信是事物的兩方面，誠為信之基礎，信為誠的表現形式，誠實守信的人才能贏得他人的信任。

誠信為社交過程中最基本的道德規範，既是道德素養，也是公共義務，還是人在社會中立足的根本，是人與人之間的重要品德。為了讓孩子可以在未來的激烈競爭中擁有一定的競爭優勢，家長應當從小教育孩子做誠實守信的人，讓誠信伴隨孩子的成長而日漸根深蒂固。

幾年前，美國某學校多名學生完成生物作業時抄錄某網站的資料，老師便給這些學生評了零分。那位老師說，第一天上課她就和同學生們訂下協議，而且由家長簽字認可。協議上面提到，所有布置的作業學生必須獨立完成，欺騙、剽竊會被評為零分。很多老師也都贊成這位老師的做法，在他們看來，教育學生成為誠實公民比透過一門課程重要得多。

從這裡我們也能看出，教導孩子成為誠信的人對孩子的成長來說尤為重要。必須讓孩子了解到，做個誠實、不撒謊、守信用的人才可以建立起良好的信譽。經常說謊，會讓人覺得你

說的話不可靠，等到你哪一天說了真話，別人仍舊不相信你，到時候再後悔就來不及了。

劉朵朵今年八歲了，是二年級的學生，也是家裡的獨生女。朵朵有個習慣很不好，就是喜歡買各種小髮夾、髮飾等。為了得到足夠多的零用錢，朵朵常常騙家人說自己要買書本、文具等，朵朵在撒謊中得到了很多零用錢。嘗到了甜頭，朵朵變本加厲，甚至騙同學，騙老師。有時候，朵朵的作業沒寫完，她就騙老師說自己忘記帶作業了；有時候不小心弄壞了同學的文具，她就會騙同學說是其他人弄壞的……久而久之，身邊的同學了解了朵朵愛撒謊的行為，沒有人再相信她說的話。在老師和家長的眼中，朵朵也是個愛撒謊的孩子。有時候，即使朵朵說的是實話，也沒人相信。有一次，朵朵的作業簿用完了，她去跟媽媽要錢買作業簿，媽媽卻說：「朵朵，你怎麼又說謊啊？如果你想買髮夾或零食可以直接和媽媽說，不要再撒謊說買作業簿了。」無論朵朵怎麼解釋，媽媽始終不相信她。直到最後，朵朵把實話變為謊言，說自己要買髮夾，媽媽才把錢給朵朵。

從這裡我們也能看出，誠實為做人處事的根本，只有用誠信對待他人，生活才不會虧待你。誠實守信的孩子長大之後也肯定會對自己、家庭、社會承擔責任。

誠信是每個人的必備素養，每個家庭都應當從小培養孩子

誠信的品格，讓孩子誠實守信，得到他人的尊重、信任，獲得更多朋友、友誼，以後在事業上才可以得到更多合作夥伴的支持。

誠信是種道德素養、道德規範。沒有誠，也不會有德；沒有信，則難成事。睿智的家長能夠領悟到誠信教育的作用、真諦，可以從現在開始，從身邊的小事做起，為孩子做好誠信的榜樣，培養孩子的誠信意識。

培養孩子誠信，從點滴做起

培養孩子的誠信品格要求家長擁有足夠的耐心、與時俱進的信心，讓誠信的種子扎根於日常生活之中，貫穿於家庭生活、親子成長的過程中。

家長想培養孩子誠信的品格，自己就要對孩子說真話，做到不撒謊，做錯事時勇於承認錯誤，並及時糾正錯誤；警告孩子不要亂拿他人東西，借了別人的東西必須歸還，言必信，行必果。

對於社會上出現的坑蒙拐騙的事情，家長應當用鮮明的態度予以批判，讓孩子堅信這種行為是錯誤的，必將受到懲罰。這樣，孩子長大之後才可成為光明磊落的人。

和孩子一同閱讀與誠信相關的圖書，討論與誠信相關的話題，鼓勵孩子多同其他小朋友交往，並且在交往過程中感受、思考誠信。

第六章　培養孩子的責任感

做孩子誠信的榜樣

　　父母應當培養孩子做有責任心、誠信的人,而培養孩子做這樣的人,父母需要以身作則,為孩子做榜樣。有句古話:「身教重於言教。」說的就是這個道理,父母的行動對孩子來說就相當於無聲語言、有形榜樣。

　　父母的誠信會直接感染給孩子,「人無信不立」,為了培養孩子誠信的品格,父母對孩子講許諾前必須三思,不可言而無信,答應孩子的事情必須做到;若不能兌現,就要立即向孩子道歉,同時做出自我批評,讓孩子從心底理解、原諒父母,事後父母要設法兌現自己的承諾,父母如果常常言而無信,孩子就會對父母不信任,而且認為說話是可以不算數的,久而之,孩子自己也會那麼做。

營造誠懇、互信的家庭氛圍

　　父母應當做有心人,為孩子創造愉悅的誠信氛圍,進而感染孩子的心靈。尤其是家庭成員間,更要相互信任。雖然孩子的年紀小,但他也能感受到父母對他的尊重、信任,要知道,只有那些從小受尊重、信任的孩子才更懂得去尊重、信任別人。

　　有的家庭存在這樣的情況,孩子說謊時,父母會不分青紅皂白的苛責、訓斥,甚至打孩子。有的孩子本來不想說謊,但是由於畏懼家庭環境的嚴厲,為了避免受責罰,也為了讓自己少受皮肉之苦,孩子就開始編造謊言。對於這種情況,父母應

當反思自己的教育方式，如果孩子已經認錯，就無須再為孩子施加精神壓力。應當為孩子創造出輕鬆的環境，告訴孩子說謊的危害，告誡孩子，謊言可能會讓你一時矇混過去，但遲早會讓人發現事情真相，真相大白後，不但會讓你處於尷尬境地，還會失去老師、同學、朋友的信任，時間久了，別人就會不願意接近你。如此一來，孩子就會在愉悅、互信中受啟迪，逐漸培養出養誠信的品格。

滿足孩子的合理需要

每位家長都希望自己的孩子誠實守信，不希望自己的孩子撒謊，但很多孩子的表現卻並不讓家長滿意，追究其中的原因，大都為後天某種需求所致，比如：為了滿足吃、玩的需求，或是為了避免批評、懲罰。

父母應當認真分析孩子的需求，盡量滿足其中的合理之處。滿足孩子時應當用孩子的眼光去看待事物，分析孩子的需求，傾聽孩子的心裡話，不能用成人的想法推測孩子心理。孩子在向父母講述自己的需求後，父母應當同孩子一起分析，讓他明白哪些合理而正確，之後及時滿足孩子的合理需求；對於那些不合理需求，父母應當對孩子講明道理，不能因為孩子年紀還小或是事情無關緊要而放縱孩子，久而久之，孩子就會強化自己的不良行為，形成不良品格，使得其人生前途也跟著受影響。

培養孩子寬容待人

　　現實生活中，家長常常會發現孩子在為人處世上有很大的差異，有些孩子性情溫和，對人寬容，與之形成鮮明對比的另外一些小孩卻自私，以自我為中心。

　　為什麼孩子之間會有這樣大的差異呢？其實，孩子出現這種現象和家長從小對孩子的教育有密切關係。所以，從小培養孩子寬容的性格非常重要，那麼，我們應當怎樣培養孩子寬容的性格呢？

　　媽媽帶著三歲半的丹丹到學校參加親子活動。當老師安排與兩個小朋友一同完成堆積活動時，丹丹拒絕和身邊穿舊衣服的男孩合夥，她皺著眉頭，不開心的對媽媽說：「我不願意和他一組，不喜歡他穿的破衣服。」

　　丹丹的媽媽擔心那個男孩聽到這些話後自尊心會受影響，趕緊拉著丹丹走出教室，在走廊中厲聲訓斥了丹丹：「你怎麼可以這樣對其他小朋友說話呢？」這時，丹丹不過是茫然的看著媽媽不說話。對於丹丹這個年紀的孩子來說，說出這樣的話一點都不奇怪，他們只不過是注意到了自己身上與其他人不同的特性。

　　研究結果顯示，六個月內的嬰兒就可以注意到種族、性別間的差異；孩子從三歲起就能夠對人進行分類，同時判斷出哪

類人更好些；五歲時，他們會將一些優良品德和自己認為好的那類人聯繫在一起；八歲時，孩子會注意到社會對待不同人時的態度；稍大一些，他們就會了解如何面對社會偏見，理智的進行思考。

孩子長大之後，面對的世界呈現出多元化，因此，教育孩子時，父母要盡量幫助孩子改變偏見，幫助他塑造寬容的性格，最佳的塑造性格的時間是幼年期。

父母可透過生活中的細節來幫助孩子接受他人身上存在的不同之處，同時用正確的眼光看待這些不同。

當孩子遭受到他人的偏見時，家長應當確保孩子安全、不受威脅，同時強化孩子的意識，讓孩子知道出現這樣的事情是錯誤的，應當被糾正。培養孩子的心理承受能力，讓他對今後可能發生的任何事情做好心理準備，教孩子一些措辭，比如：「請別這樣叫我，我的名字叫王小明。」

當孩子中傷他人時，家長應當立即上前制止，同時提醒孩子，父母無法容忍這種行為，嚴肅的對待這件事情。家長可以幫孩子分析偏見或成見為什麼是不正確的行為，同時幫孩子換位思考。在生活中，家長應當為孩子做好榜樣。

下面就來為家長具體介紹一下培養孩子寬容心的方法：

為孩子樹立榜樣

孩子的寬容心態主要來源於母親，孩子最開始是從媽媽那

裡獲得寬容之心，透過觀察媽媽待人接物的方式學習寬容待人之道。媽媽的寬容、大度，和鄰居、同事間和睦相處，孩子就會學著媽媽的樣子待人接物，也變得寬容、樂於助人。

孩子不小心犯錯時，家長不能用處罰、責備等方式教育孩子。應當耐心的告訴孩子，誰都可能犯這樣的無心錯誤，只要下次小心點，就不會再犯類似的錯誤，可以告訴孩子，解決問題的方法除了批評、懲罰之外還包括寬容。

教孩子同理心

心理換位指的是雙發產生矛盾時，可以站在對方的角度去考慮問題，思考對方為什麼這樣行事、說話。若是真的做到這點，就能夠減少很多矛盾。這就好像博弈的過程，一開始總是想怎麼走就怎麼走，不管別人。等到棋藝逐漸提高時，就會開始思考對方會怎麼走，自己如何應付。很多孩子習慣於從自身角度思考問題，卻不考慮他人的立場。想消除這種現象，唯一的辦法就是「心理換位」。

孩子如果能夠從媽媽的角度考慮問題，就能夠理解媽媽的用心、嘮叨；如果孩子可以從老師的角度思考問題，就能夠理解老師的艱辛；如果孩子能夠從同學的角度思考問題，就會覺得多數同學都是好相處的。因此，教孩子學會心理換位非常必要。

教孩子學會理解他人

每個人的身上都有缺點、不足，這是人性的必然。與同學、朋友相處的過程中，沒有必要求全責備，可以求同存異，只要同學、朋友的缺點並非素養問題，也不反社會就可以了。對於朋友的缺點、不足，同學心情不好時說過的話、做過的事，不要斤斤計較，凡事都必須公平合理。多些原諒、寬容、理解，並且為自己找份好心情，會讓自己在完善個性的同時向前邁進一步。

當然了，寬容並非怕人、懦弱、盲從，這一點要給孩子講清楚，家長一定要讓孩子知道寬容為明辨是非後對同學、朋友的退讓，而並非對壞人壞事的妥協。對壞人、得寸進尺的人沒有必要寬容。

讓孩子多和同伴交往

寬容是在人際社交過程培養起來的。孩子在與人交往的過程中才能發現每個人身上的缺點，以及他們所犯的大大小小的錯誤，只有孩子在學會容忍別人的缺點、錯誤時，才可以與人正常交往，和睦相處。透過交往，孩子才可以體會寬容的價值，體會寬容帶來的快樂。稱讚他人的缺點、慶賀朋友的成功、幫助有困難的孩子、採納他人的合理建議等，皆為使孩子獲得友誼，分享他人的成功，同時讓自己進步的方法。

在孩子和同伴交往時，家長應當注意引導孩子容忍強於自

己的同伴、不如自己的同伴、自己的競爭對手等。告訴孩子，不嫉妒比自己強的人，不嘲弄比自己差的人、不故意為難與自己競爭的人。讓孩子向好同伴學習，幫助「差」同伴，懂得去和競爭對手合作。

鼓勵孩子「納新」、處變

寬容不光展現在對「人」的態度上，還展現在對「物」「事」的態度上。父母應當引導孩子見識各種新生事物，孩子喜歡、願意接受新生事物。家長還應告訴孩子勇於承受事物發生的意想不到的變化，應當知變，懂得應變。允許孩子用自己的方法解決問題，孩子習慣「納新」「應變」後，對世間萬事萬物都能具備寬容之心。

幫助孩子克服嫉妒

孩子與大人一樣，也會嫉妒，並且他們的嫉妒心理通常更為強烈、奇特。孩子發現別人有的東西自己想要時，不管是玩具還是讚美，甚至是家長的關心，他們的都會產生出小小的嫉妒感。

妞妞今年八歲，還有個哥哥。從小受村裡人「重男輕女」觀念的影響，妞妞常常覺得爸爸媽媽不喜歡自己，不管是外出遊玩，還是過生日時，她常常抱怨爸爸媽媽偏心。媽媽跟妞妞解

釋說，自己已經花費大量時間和她做一些之前與哥哥沒做過的事情，妞妞卻噘著嘴說哥哥有的什麼東西自己沒有，或者強調哥哥以前犯過自己卻沒犯過的錯。

其實，很多孩子都出現過類似妞妞的心理，當他們看見別人有、自己卻沒有的東西時，包括衣服、玩具等，甚至大人們想不到的東西時，都可能產生嫉妒心理。有的家長認為這只是孩子不懂事的表現，會隨著年齡的增長而消失。不過，專家指出，過度嫉妒會使得孩子產生心理障礙，讓他們在與人交往的過程中產生自卑，阻礙他們自信心、自尊心的建立，所以，家長應當在孩子到達上學年齡前教會他們怎麼克服這些情緒。

下面就來為家長介紹幾種幫助孩子減少嫉妒心理，及孩子內心之中充滿嫉妒後幫助他們平復情緒的方法：

注意孩子的暗示，表示出同情

當孩子的情緒難以控制時，家長可以透過觀察孩子行為的方式掌握孩子情緒趨向。孩子爆發嫉妒心理時，他們的行為會出現相應變化，比如哭泣、說嫉妒對象壞話時等。有時嫉妒心理會反應在心理、身體兩方面，如焦躁、胃痛、情緒低落、沒精神等。這時，家長應當對孩子表示同情、理解，同時幫孩子將心裡的想法說出來。

媽媽帶著五歲的彤彤盪秋千，站在一旁的孿生妹妹雙雙哇哇大哭。媽媽問雙雙為什麼哭泣，雙雙回答說：「媽媽一直陪姐

姐盪秋千，卻不陪我玩。」媽媽耐心的解釋說：「媽媽陪姐姐玩一會，再陪你玩一會。對於媽媽來說，姐姐和雙雙是同等重要的，你覺得媽媽偏向姐姐，是你因為你產生了一種心理 —— 嫉妒，這沒什麼，媽媽理解你的情緒。」

家長的理解能夠安撫孩子的情緒，此時，孩子最需要的通常不是滿足欲望，而是家長耐心的傾聽，及對他們內心的肯定。

讓孩子了解大人也會嫉妒

嫉妒是種負面情緒，家長有必要讓孩子了解即使是爸爸媽媽也會出現嫉妒心理。家長可以告訴孩子，當孩子和爸爸開心玩樂時，媽媽同樣會嫉妒爸爸，可媽媽不會因此亂發脾氣、難過。媽媽可以為孩子舉小時候的例子，告訴孩子自己也有同樣心情。比如：當孩子抱怨自己不能和哥哥一樣出去旅遊時，媽媽可以告訴孩子自己也曾有過同樣經歷，不過，這種情況可以被克服。媽媽可以告訴孩子，每個孩子都不可能得到與別人完全相同的待遇，所以，必須學會接受這一切，杜絕嫉妒。

不要過度強調負面東西

孩子會透過觀察家長的做法模仿自己的行為方式，所以，當你發現孩子嫉妒時，表示同情的同時不要過度強調孩子的立場，更不能指責受嫉妒對象，否則，不但會加劇孩子的嫉妒情緒，還會導致孩子產生將責任歸咎到他人身上的壞習慣。如果

你的孩子發現自己的朋友被邀請參加某個同學的生日聚會，自己卻沒有受到邀請，我們千萬不要指責那個過生日的孩子，應當告訴自己的孩子：「媽媽理解你，不過你不要難過，每個人的朋友圈都是不同的，你過生日時也不可能將所有人請來的，不是嗎？」這樣一來，孩子就能夠理解並不是因為自己不受歡迎才沒被邀請，也不會因為這件事而記恨那位同學。

幫助孩子找到可行的解決方法

嫉妒的孩子總是希望自己能夠得到和他人一樣的待遇，如果這時家長可以誘導孩子控制情緒，不但能夠緩解嫉妒心理，還能夠幫助孩子建立自信心、自尊心。如果孩子覺得老師更喜歡自己的同桌，家長可以告訴孩子：如果你更努力的學習的話，情況就會有所改變。這時，孩子就會發現，雖然自己不能控制老師的意志，但卻能控制自己的選擇，透過努力學習，提高自己的成績，進而提升老師對自己的關心度。或是當孩子對別人父母對孩子傾注的重視覺得嫉妒時，家長應當採取行動消除孩子誤會。

王帥今年六歲了。一次，學校組織話劇表演，周圍小朋友的媽媽都來觀看孩子們的表演，王帥的媽媽卻因為工作繁忙沒能及時到場，王帥非常生氣。表演結束回家後，他對媽媽抱怨說：「其他小朋友的媽媽都來了！」媽媽沒有說話，卻在家中給王帥辦了個專場話劇晚會。這樣一來，王帥就明白了，媽媽實

際上很關心自己，也不再失望或嫉妒其他小朋友了。

盡量不要拿自己的孩子和別人的孩子比較

可能你沒有注意到，當你在自己的孩子面前誇讚別人的孩子可愛、聰明、活潑時，哪怕只是一個微笑、一個聳肩動作，甚至抬抬眉毛都會讓孩子以為你在拿他和別人做比較，特別是你的孩子在某方面做得不好時，他們更容易對其他孩子產生嫉妒感。

一次，小寧的媽媽當著小寧的面誇讚某個小朋友的皮膚白皙、模樣可愛，又說小寧的臉色有些發黃，不如那個小朋友水靈。誰知，第二天媽媽就看到小寧拿著媽媽的粉底在臉上塗了厚厚一層。這時，小寧的媽媽發覺到是自己的評價導致女兒產生了嫉妒心理。從那以後，小寧的媽媽再也沒有這樣評價過女兒的膚色，同時注意不拿女兒與其他孩子做無意義比較。

幫助孩子發現自身長處

自信心弱的孩子喜歡強調自己身上的弱點，總是覺得自己低人一等，而這種心態很容易刺激他們產生嫉妒心理。所以，家長應當幫助孩子建立自信心，讓孩子知道自己身上有優點，有可以讓自己驕傲的資本。如果孩子在音樂方面表現出了天賦，家長應當多鼓勵孩子。當孩子自己解決某個問題或是取得進步時，哪怕只是一點一滴的進步，家長也應當讓孩子知道，

爸爸媽媽注意到他了，而且為他感到驕傲。當孩子為自己驕傲時，就容易接受他人在某方面比自己得到更多關心。這種自信不但能夠幫助孩子克服嫉妒心理，也利於他們塑造自我。

讓孩子改掉撒謊的行為

很多小孩子都有說謊的毛病，孩子說謊通常不是故意的，只是因為好玩，或者是為了獲得一句讚美、一顆糖果……孩子還不能認識到說謊的危害，更不知道說謊是不道德的行為。

當家長發現自己的孩子說謊時，通常會感到驚慌，會立即厲聲教導孩子，希望能夠糾正孩子的行為。實際上，孩子說謊通常是有原因的，家長應當先找出誘因，再對症下藥，才可讓教育顯示出最佳效果。孩子說謊的原因很多，可能是有意識的謊言，也可能是無意識的謊言。

寶海今年三歲了。一次，他拿著一個熟透的軟柿子在床上玩，一不小心弄爛了柿子，把媽媽新買的床單弄髒了，這時媽媽走了進來，剛好看到這一幕。寶海知道自己做錯了事情，急忙對媽媽說：「媽媽，不是我弄的。」媽媽厲聲呵道：「你還說謊，我都看到了！」說完，照著寶海的屁股就是一頓打。

其實，三歲的孩子已經有了基本的判斷是非的能力。當他們意識到自己做錯事時，會害怕受到懲罰，尤其是對於那些有了做錯事被懲罰的經驗的孩子來說，為了避免受懲罰，他們就

會編造謊言掩蓋事實。

孩子兩三歲時，見聞越來越廣泛，感情越來越豐富，語言能力日漸發展，想像力也變得豐富。他們經常會根據自己的意願想像，用想像代替現實，此時，孩子對很多事物都感興趣，但是因為缺乏生活經驗、知識，加上記憶不好，想像通常易受情緒支配，經常會出現想像、現實混淆，這時，說謊不過是想將心中的意願表達出來，與孩子的品行沒有關係。

孩子兩三歲時，有表象思維能力，不能全面理解語言含義。理解性心理錯位多出現在這個年齡階段的孩子身上，指的是孩子對客觀事物認識缺乏，進而產生出心理錯覺，說出和客觀事實不符的話。

孩子的表現欲、表現力會逐漸生出、發展，比如：孩子學會一首新歌時，會主動在父母面前表現，表現欲能夠調動孩子的積極性、主動性，但同時也會導致孩子不自覺的說出不切實際的大話，這通常被父母認為是說謊。

孩子的模仿能力很強，這一點是父母們有目共睹的。成人在社交過程中無意說出的謊言，都可能被孩子模仿。如果父母常常當著孩子的面撒謊，孩子在遇到類似情況時也會說謊。還有就是當家長許諾孩子某件事卻因為各種原因未能兌現時，孩子就會覺得家長在說謊，自己也會學著家長說起謊來。

其實，導致孩子說謊的原因還有很多，在此不一一列出。

那麼，當家長看出孩子撒謊時應該怎麼糾正呢？

證實孩子在說謊

當家長懷疑孩子說謊時，應當先進行仔細詢問、調查、了解，搞清楚孩子是否在撒謊。有時候，父母的判斷並不一定正確，如果在尚未搞清真相時魯莽行事，會給孩子的身心帶來不利影響，甚至會導致親子關係緊張。

找出說謊原因，「對症下藥」

孩子說謊的原因我們已經在上面羅列出來了，針對上述種種說謊現象，我們也能看出，孩子撒謊有些是無意的、有些是有意的；有些孩子只是偶爾說謊，而有些孩子經常說謊。家長應當先弄清孩子說謊的動機、性質，之後根據不同說謊行為採取相應措施，這樣對孩子的教育可以「對症下藥」。比如：孩子因為智力、知識水準較低而撒無意識的謊言，家長無須大驚小怪，幫助孩子分清想像和現實間的差異就可以了，因為這些謊言會隨著孩子年齡的增長而消失；孩子有意說謊，家長應當及時發現、揭穿他的謊言，同時讓孩子明白說謊要受批評、懲罰的，及時化解孩子說謊的企圖。如果孩子說謊是因為模仿家長，家長應當檢討自己的日常行為，為孩子做好榜樣。

多聆聽，多與孩子溝通

當孩子由於知道自己所做的事情會有負面後果而撒謊時，

父母應當理解孩子的需求，訂立更為實際的規則，如果是孩子能夠做到且願意做的事，他就不會說謊了。此外，有的孩子會由於和父母接觸得較少，因此想透過說謊的方式獲得父母的關心。所以，父母平時應當加強和孩子的溝通、互動，了解孩子的想法，讓孩子感受到父母對他的關愛、注意。

幫助孩子區分現實、想像

孩子說謊大都是無意的，特別是對於年齡小，並且想像力、創造力較強的孩子來說，更容易撒謊，這就需要父母在日常生活中為孩子區分發生和想像之間的區別，讓孩子逐漸將現實與想像區分開來，同時告訴孩子怎麼表達想像，比如「我想……」「我希望……」等，孩子無意的謊言讓別人受傷時，家長應當讓孩子了解、認識到這種行為導致的嚴重後果。家長不能將編故事的孩子看成壞孩子，有時，孩子說謊並不是因為品行問題，而是即興而說、隨口而出。家長應當善意的指出其錯誤的地方，並且表現出自己希望孩子日後認真說謊的意願，對孩子的進步予以表揚。

不隨意為孩子「定位」

很多時候，孩子說謊並不是因為想傷害別人，家長不能因為孩子說謊而輕易將孩子「定位」，說他是「放羊的孩子」「吹牛大王」等，這樣做不但不能改掉孩子說謊的習慣，還會強化孩

子說謊的壞處，促進孩子日後更努力的說謊。若孩子感到自己在父母眼中是不誠實、愛說謊的人，他的自尊會受傷，會產生反向心理。既然父母已經把自己定位為愛說謊者，那自己就說謊吧，不說白不說。

滿足孩子的合理要求與願望

家長應當地適當的為孩子購買新玩具、圖書、彩筆等，讓孩子明白，只要自己的需求合理，家庭力所能及，就能夠得到滿足。這樣能夠避免孩子由於需要無法滿足而將他人的東西拿回去又不告訴別人。

孩子認錯了就放棄懲罰

現實生活中常常會有這樣的例子，孩子考試不及格，父母通常會對其進行嚴厲批評，甚至打罵孩子，說謊的孩子卻能逃過此劫難，如此，孩子就會誤以為說謊就能夠逃避懲罰。下次考試不及格時，孩子就會設法隱瞞。所以，家長應當在孩子誠實的告訴你考試成績不及格時表揚他的誠實，之後幫助孩子分析出不及格的原因，同時找出解決的方法，這樣一來，孩子就不會對家長說謊了。

有的家長看到自己的孩子說謊時覺得非常氣憤，厲聲斥責、懲罰，甚至打罵孩子，想讓孩子懼怕，之後就不敢再說謊了。但是，這種暴力方式的效果並不理想，很多孩子說謊是因

為害怕家長的懲罰，他們說謊是因為懼怕講真話，是為了逃避成人懲罰保護自己的方式。家長如果不能控制自己的情感，進行嚴厲、粗暴的懲罰，可能暫時會有效果，但大都不能從根本上解決問題，甚至會使得孩子今後把謊言編造得更圓滿，更不易被家長覺察。

培養孩子強烈的責任心

責任指的是社會交往過程中，對自身社會角色，及其承擔的義務的認識、情感體驗。責任對自身生命而言尤為重要，甚至關係著社會的發展。孩子的年紀雖小，可終有一天要步入社會，因此，家長一定要培養孩子的責任心。知錯、認錯、改錯也是責任心的表現。不但對個人有利，還對團體、國家有利。小時候說謊、犯小錯不改過，長大之後就會撒大謊，犯大錯，受國家、法律的制裁，所以，從小培養孩子不隱瞞缺點、錯誤，不逃避責任，知錯能改的好習慣，才能培養出其責任心和誠實的品格。

尊重孩子

孩子具有獨立人格，是自我發展的主體。孩子如果得不到應有的尊重，就會表現出不誠信言行。無數家庭事例證明：獨斷專行的家長用命令、恐嚇、諷刺，甚至暴力去制伏孩子，很容易損傷孩子自尊心，讓孩子產生反向心理，導致孩子言行

不一。民主、和諧、平等的家庭氛圍能夠教育出具有誠信的孩子，家長應當尊重、理解孩子，為孩子提供良好的感情安全基礎，讓孩子充滿信心，勇敢探索周圍環境。

重視孩子第一次說謊

孩子第一次說謊時，家長要將它當成大事去在意，千萬不可掉以輕心。否則，有了第一次，就會有第二次、第三次⋯⋯通常情況下，孩子第一次說謊會覺得不安，但如果這次說謊沒有被及時糾正，孩子就會產生再次說謊的欲望，膽子變得越來越大，說的謊話也越來越多，導致撒謊成性。

為孩子樹立好榜樣

孩子撒謊時，父母應當首先反思自己，因為孩子撒謊很可能是父母的影響所致。父母要求孩子誠信的同時，自己也要做到誠信待人，在日常生活中為孩子做好榜樣。對孩子或他人的承諾應當認真履行，犯錯後及時糾正、改正，這樣，孩子就能從中學到好行為。尊重孩子之間的約定，向孩子許諾時先三思，不能信口雌黃，甚至欺騙。即使家長所說的是善意謊言，也應當盡量避開孩子，實在避不開，也應當對孩子解釋清楚。

適當懲戒

有的父母透過懲戒的方法糾正孩子撒謊的行為。如果你的懲戒有愛心，而且執行合理、巧妙，事情過後對孩子解釋清

楚，孩子就能從中獲益，從而心悅誠服。透過認真、耐心的教育後，孩子說謊的概率就會大大降低。

第七章
培養孩子的品德、習慣

讓孩子明白好品德有多重要

　　品德包括品格、道德兩方面，屬於文化社會中多數人贊同、認可的正向人格、觀念、行為；從教養的角度說，成人對嬰幼兒有很多期望、盼望，希望他們開心、自信、獨立等，而誠實、禮貌等是需要家長培育出的良好習慣。

　　品德是指嬰幼兒在同環境中人、事、物互動的過程中，逐漸在社會裡認識自己、了解他人，同時在人際關係的過程中學會怎樣待人、律己、守紀等，規範一切態度、觀念、行為。

　　孩子認識世界要經歷一個從具體到抽象、從簡單到負責的過程。「道德」二字在孩子眼中是個抽象概念。與學習知識一樣，想將道德觀念、素養灌輸到孩子的腦海中，需要父母明確告訴孩子怎麼做。當然了，父母還可以將孩子的道德行為記錄下來，作為精神鼓勵送給孩子。

　　一次，小劉偉問媽媽：「我想成為有道德修養的人，希望大家都能尊重我、喜歡我，可是我不知道該怎麼做。」媽媽微笑的摸了摸小劉偉的頭，沒有說話。晚上小劉偉睡覺時，發現自己房間的牆上貼了一張紙條，上面列出以下幾條：

1. 希望我家小劉偉勤勞、勇敢，可以用積極的心態面對各種困難；
2. 希望我家小劉偉有愛心，同情弱者，懂得向他人伸出

援助之手；

3. 希望我家小劉偉尊重他人的勞動成果，尊重他人財產；

4. 希望我家小劉偉懂得感恩，感謝那些曾經有恩於我們的人，同時懂得回報；

5. 希望我家小劉偉做事情有計畫，善始善終；

6. 希望我家小劉偉擁有自律精神，能適時約束自身言行。

7. 最開始，小劉偉並不知道媽媽這樣的做的目的，但媽媽結合生活中的具體事情為他講解，慢慢的，小劉偉就了解了這些內容。

並且，小劉偉每做一件好事，都會對照上面的文字表揚她，而且，媽媽還準備了筆記本，將她做的好事一一記錄下來。每次小劉偉翻閱筆記本時，媽媽都能夠看到她臉上的自豪、喜悅。

小劉偉的媽媽用這些文字激勵女兒做了很多好事。如果孩子可以感受到父母精神上的引領，孩子的心智就能迅速成長。

雖然身體健康、學識淵博對於一個人來說非常重要，但更重要的是品格高尚。一個人只有具備好品格後才可以真正克服各種困難，做出更加有益的事情。

當然了，培養孩子良好素養並非一朝一夕的事，父母應當花費大量心思、時間。在這個過程中，孩子可能一再犯錯，父母面對孩子的「屢教不改」會覺得失望，有時會感到無奈，甚至

控制不住自己的情緒。

可是我們仔細想一下，做什麼事情都是要耗費一定時間和精力的，更何況教育孩子呢？如果父母僅僅告訴孩子要做高尚、有道德的人，孩子很難知道如何具體落實到生活中。父母可以將孩子的期望寫下來，這樣就可以激勵孩子逐漸進步。

重視家長的榜樣作用

托爾斯泰曾經說過：「在一個家庭中，只有父親能自己教育自己時，在那裡才能產生孩子的自我教育。沒有父親的先鋒榜樣，一切有關孩子進行自我教育的談話都將變成空談。」

父母應當孝敬老人，孩子才會孝敬你；父母遇到困難時自信滿滿，孩子就可以在面對挫折時不斷追求。榜樣的力量是無窮的，家長的人格才是最佳的教育因素。

父母是孩子的啟蒙老師，想讓孩子擁有好素養，一定要從小培養，孩子在幼稚園時，家長就應當注意這一點。比如：要求孩子把大水果拿給其他小朋友，自己吃小的；將自己最喜歡的玩具拿來和朋友一起玩等。孩子上學後，家長可以囑咐孩子關心、幫助他人，不能事事只考慮自身利益等。時間久了，孩子自然能養成好品格。

現在的孩子，生長環境發生了巨大變化，在新環境中成長的孩子，觀念、情感、行為都和上一代的孩子有巨大差異，使得父母在教育孩子的過程中出現重重困難。首先，家長不了解

孩子的心理變化，如此，在孩子心中父母的威信越來越低，在困惑的教育環境中，孩子會出現越來越多的心理問題，甚至會離家出走、違法犯罪、自殺等。要解決上述困惑、問題，家長首先應當提高自身素養，改掉陳舊的家教觀念。

讓孩子在與同伴交往的過程中受影響

孩子養成良好的品德與同伴有密切關係，透過和同伴交往，孩子就能夠懂得評價自己的行為，提升自我意識。現在的孩子大都為獨生子女，他們缺乏同伴意識，在幼稚園有機會透過和同伴交往去規矩自己，控制自身不良行為。在同伴交往中，孩子最喜歡做遊戲，處於模仿發展階段。在眾多遊戲中，孩子最喜歡角色遊戲，因為這樣的遊戲有真實性。並且，孩子和同伴間的角色遊戲會影響孩子的品德。

創設良好的環境

環境是影響孩子身心發展的主要誘因之一，所以，家長應當注意為孩子創造優美、溫馨的環境。良好的環境有利於孩子良好品德的形成、發展，家長和老師透過對孩子所處環境的布置、美化、設計為孩子創造出適合其生長的環境，同時利用環境和孩子的相互關心薰陶、改變孩子行為。

教育孩子要有愛心

生活中，我們常常會看到這樣的現象：山裡孩子雖然生活在艱苦的條件中，受父母、鄉村老師的教育，但卻表現出了超乎常人的毅力、耐心，最後在很多領域取得了卓越成就。

這些孩子很寬容，最難得的是有愛心；他們知道怎麼去忍耐，總是可以克服重重障礙。他們常常會讓身邊的人覺得羨慕。那到底是什麼促使他們成功的呢？他們身上到底擁有什麼力量呢？

物質匱乏、文化閉塞都無法阻擋愛的傳遞，愛心的傳遞源於善良的母愛、勤勞的父母，及樸實的鄉村老師。樸實的人可能什麼都沒有，但卻充滿了愛，可以為愛付出。這份愛和付出為身邊的孩子注入了源源不斷的動力。

但是很多城裡孩子的表現卻並不盡如人意，無視父母的關愛，無視周圍人的利益，以自我為中心。都市孩子的父母大都工作繁忙，很少有時間陪孩子，這也是城裡的孩子越來越缺乏愛心的重要原因之一。

一天中午，瑞瑞的爸爸給他抓來一隻小鳥。瑞瑞看到小鳥開心的拍手大叫，他給小鳥搭建了溫暖的小窩，之後又給小鳥找食物吃。瑞瑞蹲在地上觀察著小鳥，而小鳥卻害怕的叫著、搧動著翅膀。為了防止小鳥逃跑，瑞瑞把紙盒壓在了小鳥身

上，去客廳看卡通。直到下午，瑞瑞才想起小鳥來，掀開紙盒一看，小鳥居然死了。瑞瑞非常生氣，對爸爸說：「爸爸，小鳥怎麼死了啊，再給我抓一隻吧。」

媽媽走到瑞瑞身旁，對他說：「小鳥死了，你不難過嗎？是瑞瑞把紙盒壓在小鳥身上的。」瑞瑞聽到媽媽這樣說，不好意思的低下頭，說道：「我不是故意的，牠總是亂飛，我怕牠飛走。」媽媽微笑的摸了摸瑞瑞的頭，耐心的告訴他：「媽媽知道你不是故意的，可是小鳥應該生活在樹林中，和爸爸媽媽、兄弟姐妹在一起，你把牠養在家裡，牠是活不下去的。小鳥的媽媽現在可能正在找牠呢。」瑞瑞聽到這裡，內疚極了，急忙對媽媽說：「媽媽，我再也不要小鳥了，也不讓小鳥和牠的家人分開了。」

孩子今後的人生道路還很長，只要孩子有愛的動力，以後做任何事情都不會覺得害怕。教育的重要目的就是培養孩子愛的情感，激發孩子身上沉睡的愛之力量。在教育過程中，愛不但能夠化解尖銳的矛盾，還可以讓孩子用飽滿的熱情去實現自己的目標。

那麼，家長應當從哪些方面對孩子進行愛心教育呢？

日常生活中滲透愛心教育

孩子在幼稚園中的生活平常、瑣碎，很多過程反覆出現，會在潛移默化中對幼兒良好品德的形成產生重大影響。所以，把愛心貫穿在孩子的日常生活中，是對孩子進行品德教育的最

佳途徑。

　　比如：和其他小朋友一起玩樂時，其中有位小朋友摔倒了，媽媽可以告訴孩子過去扶他；家裡可以養些寵物，如小貓、小狗，讓孩子在與寵物接觸的過程中更具愛心；看到某個小朋友搶其他小朋友玩具時，媽媽可以藉由這個機會告訴孩子這樣做是不對的，是沒有愛心的表現，應當將自己的玩具和其他小朋友分享，但是，如果喜歡別的小朋友的玩具，應當得到其他人的認可才可以和別人分享。

　　環境是重要的教育資源，可以透過環境的創設、利用，有效促進幼兒發展。可以鼓勵孩子種各種花草，並且關心花草的整個成長過程，為它澆水、施肥、除蟲。或是鼓勵孩子飼養小雞、小兔子、小金魚等，讓孩子擔任餵食、換水、清理等工作。參與這些過程的同時，孩子不但擁有了熱愛勞動的好習慣，還激發出了他們熱愛動植物、關愛生命的好品格。

　　孩子的思維形象具體，僅僅透過抽象概念通常難以讓孩子接受，並且，透過孩子喜歡的藝術形式對孩子進行「愛的教育」，就能夠獲得良效，比如鼓勵孩子和其他小朋友演一場話劇《賣火柴的小女孩》等。話劇演完後，引導孩子們進行討論，讓他們懂得幫助人是件快樂的事情，萌發孩子關心、幫助他人的愛心。

綜合利用各種教育資源對孩子進行愛心教育

某國發生地震時，全世界人民都高度關心。孩子也在電視機上看到了這一幕，這場災難一時間成為孩子們談論的話題，家長可以藉由這個教育契機，引導孩子講述災難發生後世界人們如何伸出援助之手、如何救助災區人們的感人故事。父母為孩子講述這些故事，能夠激發出孩子強烈的同情心、愛心，讓孩子初步感受到災難面前團結互助、互相關愛的真情所在。

九二一大地震中，幾乎每個有經歷的人都曾救助他人或被他人救助過。這些有經歷者多是孩子的爸爸媽媽，他們生活在孩子身邊，是良好的教育資源。可以讓孩子多與爸媽長輩接觸，透過記錄的方式讓孩子將長輩的經歷記錄在本子上，回家後複述給家人聽。這樣的活動能夠激發孩子強烈的同情心和愛心。

節假日時，父母可以買些衣物、零食，帶著孩子去孤兒院、養老院，讓孩子明白，自己擁有的一切對某些人來說是多麼奢侈，同時培養孩子的愛心。

讓孩子擁有感恩的心

現實生活中，我們常常會遇到這樣的人：他們只知道索取，而不懂得回報；只知道接受，卻不懂得感激。

表面上，這樣的人占了很多「便宜」；其實，這樣的人很可悲，因為他們沒有得到多少人心，缺乏真正的快樂。

家長在教育孩子時也應當注意這個問題，應當培養孩子擁有感恩的心，而不是一味的索取，變得貪得無厭。

雖然我們會為自己要得到的東西付出勞動和汗水，但是很多時候，我們的所得是別人給予的，比如陌生人給予的無償幫助、父母的無償培養等。家長一定要從小培養孩子擁有感恩的心，這樣他才能獲得更多人的認可、贏得更多的友誼、得到更多人的關心、生活得更加快樂。

那些目空一切、以自我為中心的人只會讓別人覺得痛苦，總認為別人做的一切都是應該的，忽略別人的感受，銘記別人犯的一點點過錯。這樣的人容易痛苦，卻很難快樂，他們心中的怨恨比快樂多。內心缺少寧靜，難以長期專注的做一件事。擁有感恩的心，能夠將人從怨恨之中釋放出來，讓他更好的接受社會，做更多對自己、家人，甚至社會有益的事。

梅梅和淘淘是同班同學，兩個小朋友都剛滿六歲。梅梅的媽媽常常教導梅梅對給予自己幫助、贈予自己東西的人要說謝謝，心中要常懷感恩。而淘淘是個嬌生慣養的小朋友，就連吃飯都讓媽媽費不少的心思。

有一次，梅梅過生日，小姨送給她一條漂亮的裙子。梅梅對小姨謝個不停，非常開心，細心的將裙子疊在盒子裡。

淘淘不喜歡吃蔬菜，喜歡吃肉。媽媽告訴淘淘，不吃蔬菜的孩子不健康，淘淘卻不以為然。一次，全家人一起吃飯，淘淘的筷子只夾魚啊、肉啊，看都不看蔬菜，媽媽夾起幾根菠菜放到淘淘碗裡，對淘淘說：「淘淘，吃些綠色蔬菜對身體有好處。」淘淘一看綠色蔬菜，小嘴一噘，一甩手摔碎了飯碗，地上滿是米飯和菜餚。爺爺奶奶趕緊過去哄淘淘，給他盛了一碗新飯。爸爸媽媽也擔心淘淘不吃飯會傷身體，就沒多說什麼。

同樣是六歲的孩子，卻有不同的對人對事態度，一個時時刻刻牢記感恩，一個視父母的疼愛為「應該」。從兩個孩子的案例中我們也能看出，家庭感恩教育對於孩子的成長有很大影響。

平時，當孩子接受別人的幫助、禮物時，家長應當教孩子表達謝意，說句「謝謝」或是寫封感謝信，或者回送禮物都可以。

懂得感恩的孩子不會將別人的愛視為理所應當，也不會無視別人的愛，這裡包括父母的愛、朋友的愛、老師的愛、同學的愛……更不會苛求別人的愛和幫助，反之，他們會在得到愛和幫助後感激對方，並且還會主動去愛別人、幫助別人，這樣的孩子可以贏得大家的喜愛。

那麼家長要怎樣讓孩子擁有感恩的心呢？

讓孩子懂得說「謝謝」

一個連「謝謝」都不會說的孩子很難擁有感恩的心，接受別

人給予時會覺得理所當然，也會很難感受到這份給予中的愛。孩子小的時候可能難以意識到感恩的重要性，家長不能坐視不管，應當指導孩子，告訴孩子要學會感恩、嘗試感恩、懂得說「謝謝」。別人的任何給予都不是「應該的」，而是出於愛的付出，必須對這種給予表示自己的感謝。

家長要「以身作則」

孩子小時候，會模仿最親近人的言行舉止，如果家長本身不懂什麼是感恩，沒有感恩的心，從未跟別人說過「謝謝」二字，認為別人做的一切都是「應該的」，那麼孩子也會學著家長的言行對待身邊的人，久而久之，他心中不但不會懷有感恩，還會怨恨別人給予得少。父母是孩子的啟蒙老師，想培養孩子擁有感恩的心，一定要從自身做起。

感恩在「口」更在「心」

有些家長雖然教育孩子要對給予自己幫助和送自己禮物的人說「謝謝」，但僅僅告訴孩子說「謝謝」兩個字卻不讓這兩個字由心而出，等於在做白工，還是沒有擁有真正的感恩的心。家長應時常做模範，將「感恩」的概念灌輸到孩子心中，發自內心對別人有所感激。

多講道理、少責罰

幾乎每位家長都希望自己的孩子明事理，孩子從二歲開始學說話，容易接受大量聽覺刺激，此時，家長可以適當給孩子講些道理。但是，幼兒的理解能力是有限的，只能理解一些簡單的說明、指令，還聽不明白大道理。所以，很多父母在孩子處在這個階段時對孩子在某些方面的行為感到苦惱，想透過教育改善、糾正孩子的行為，卻苦於沒有合適的方法。

東波今年二歲半，從出生三個月開始，媽媽由於工作繁忙就將東波放在鄉下的奶奶家撫養。奶奶對這個孫子格外疼愛，周圍的鄰居家也沒有小孩，常常到奶奶家逗東波。鄉下人說話常帶粗口，東波在這種環境中耳濡目染，也學會了幾句髒話。

有一次，媽媽回家看望東波。東波非常開心，小手一張，就向著大門口跑去迎接媽媽。媽媽非常開心，抱起東波走向屋裡。誰知，東波突然對著媽媽說了句髒話，說完還「嘿嘿」的笑了起來。媽媽非常生氣，把東波放到床上，打著屁股，打得東波哇哇大哭，奶奶在一旁心疼得直皺眉頭。

其實，這種例子不在少數，很多大人都有說髒話的習慣。大人雖然知道說髒話是不文明的、不對的，可卻常常不由自主；孩子聽見了，覺得好奇、好玩，就學著大人說起來，根本不知道其中的含義。即使媽媽這次因為這件事打了孩子，孩子可能

還是不明白自己哪裡做錯了。

　　孩子說髒話，媽媽不妨給孩子講道理：「你知道嗎？你剛剛說的是句髒話，這樣說話是不對的，再這樣說話，媽媽就不喜歡你了。」說完，媽媽可以做出厭惡的樣子，孩子很在意媽媽對自己的態度、看法，你這樣跟他講幾次，他就會知道自己的做法是不對的，也就能及時改正了。

　　循序善誘，講明道理，是家長教育孩子的重要方法，給孩子講道理，不但需要足夠的耐心，還應當結合少年兒童的心理特徵，選擇恰當的方法、技巧，盡量避免責罰。

充分肯定孩子的長處

　　古語有云：「教子十過，不如獎子一長。」和孩子講道理，應當充分肯定孩子的長處，對孩子取得的成績、進步予以表揚、鼓勵，在此基礎上對孩子的過錯進行糾正，這樣一來，孩子會更容易接受家長給予的意見。一味的數落、責罰、責備孩子是不對的，只會導致孩子產生自卑、反向心理。

講「合理」的道理

　　和孩子講的道理要合情合理，不可信口開河，也不可過度苛求孩子，因為大人胡說八道，會讓孩子覺得不服氣；大人的要求太過苛刻，孩子是做不到的。比如：有的孩子成績很差，考試常常不及格，家長卻要求孩子考九十分以上，這是不實際

的；有的孩子喜歡吃零食，家長一直給孩子講吃零食的壞處，不許孩子以後再吃零食，孩子也不會言聽計從。

給孩子申辯的機會

跟孩子講道理時，他可能會對自己的表現進行辯解，家長應當給孩子辯解的機會。要知道，申辯並不是強詞奪理，不過是讓孩子將事情講清楚而已，給他申辯的機會；這樣孩子才能更加理解父母講的道理，雙方良性溝通，獲得最佳效果。

了解孩子的情緒情況

孩子和大人一樣，在情緒好的情況下更容易接受不同意見，情緒不好時容易偏激，所以，和孩子講道理時，應當充分了解他的情緒狀況。在孩子情緒較好時，可以對他進行教育，如果選擇在孩子情緒低落的時候和他講道理，效果是不好的。

採取建議態度

孩子不肯聽家長的話，多半是因為家長講道理時沒有扮演好自己的角色，過於刻板、嚴厲，無意中把自己放在了和孩子對立的一面。如果家長在給孩子講道理時多些寬容，透過建議的方式和孩子協調，那麼孩子就會覺得家長並沒有強迫、限制的意思，也就更容易接受。

培養孩子傾聽的好習慣

良好的傾聽習慣是發展孩子傾聽能力的前提、基本條件。現在的孩子大都是獨生子女，在家庭中有特殊地位。雖然孩子的表達能力提升了不少，但是有的習慣仍然不好，比如：家長或客人在說話時孩子經常會插嘴，不能認真傾聽。曾經有位哲人說過：「上帝給我們兩個耳朵，卻只給我們一個嘴巴，意思是讓我們多聽少說。」

傾聽是聽的過程，也是學的過程。在傾聽的過程中，孩子能夠從別人的言語中學到自己不知道的知識、他人為人處事的態度和原則等。

由此我們也能看出，培養孩子傾聽的習慣有多重要。

有一次，幾個小朋友和小婉一起到家中做遊戲。遊戲結束後，小婉的媽媽端來一盤水果，幾個小朋友開心的在桌子前吃著水果聊著天。其中一個小朋友說：「我媽媽說，今年夏天帶我去游泳，那裡有大海……」他的話還沒說完，小婉一下子打斷了他的話，說道：「說大話，你會游泳嗎？」那個小孩的臉立刻紅了起來，結結巴巴的說：「我……我……我會！」小婉繼續說：「那你說說怎麼游啊？」那個小孩一時間說不出話，居然「哇」的一聲哭了，跑了出去。

還有一次，小婉的老師打電話到家裡，先是跟小婉的媽媽

誇讚小婉積極、活潑，之後，又提出了小婉喜歡打斷別人說話的缺點，其他小朋友回答問題時，只要她覺得回答的是錯的，不等別人回答完就急著舉手打斷別人，甚至直接坐在座位上呵斥那位同學回答得不正確。針對這個問題，老師已經找小婉談了幾次話。可是小婉說，這是媽媽教給她的：「遇事不能膽怯，要勇於糾正他人錯誤的言行。」媽媽聽到老師的敘述，發覺到了問題的嚴重性，在以後的日子裡，只要小婉打斷他人說話，媽媽就會對小婉說：「打斷別人說話是不禮貌的，會讓別人覺得難堪，而且別人會認為你是不懂事的孩子。」小婉在媽媽的幫助下逐漸改掉了這個不良習慣。

那麼家長應該怎麼培養孩子的傾聽習慣呢？

調整說話方式

家長在和孩子交流的過程中，總是喜歡把自己放到權威位置上對孩子下命令。實際上，這樣的說話方式會讓孩子反感。如果家長不能調整自己的心態，將自己置身在孩子朋友的角色中，和孩子平等交流，孩子就無法認真傾聽家長的話語。

比如：家長不能說：「說你多少次了，不要在床上吃東西，你沒長耳朵啊！」而是應當對孩子說：「你不能在床上吃東西，會弄髒床單的，洗床單時很辛苦，你也要來幫忙洗。」調整和孩子交流的心態、說話的方式，孩子就會認真傾聽家長的話。

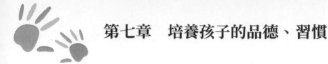

傾聽孩子的心聲

很多父母沒有認真傾聽孩子心聲的習慣，這也是孩子不能認真傾聽他人說話的誘因。現實生活中，父母常常會感嘆：「為什麼孩子總是不聽我說話，我說我的，他做他的，似乎我說的事情和他沒關係。」實際上，父母不善於傾聽孩子說話，孩子的話得不到父母重視，就會將自己的想法藏起來。並且，孩子還會覺得父母不尊重他，進而更是減少和父母間的溝通。

實際上，孩子的年紀雖然小，但他們也有獨立人格、尊嚴，他們需要表達自己的想法、感受，傾聽孩子的心聲不但能夠了解孩子心靈，還能夠培養孩子傾聽他人的習慣。家長可以抽出時間傾聽孩子心聲，讓孩子感受到你對他的重視、賞識，不但利於博得孩子的信任，還利於培養孩子和人交往、傾聽他人的好習慣。

利用聽辯錯誤發展孩子的傾聽能力

我們常常會發現，孩子在傾聽某件事時，常常聽個開頭就聽不下去了，這就說明孩子的傾聽習慣不好，不夠專心、認真。所以，家長應當有目的地讓孩子去判斷語言對錯，進而吸引孩子的注意力，同時對其進行糾正。比如：家長可以說：「小狗『喵喵』叫，小貓『汪汪』叫。」讓孩子挑出其中的問題，同時進行修正。

利用傳話發展孩子傾聽能力

說能夠印證孩子聽得仔細與否，只有讓孩子將聽到內容說出來，才能知道孩子的傾聽能力發展得好不好。比如：家長可以給孩子講故事，等到孩子聽完故事後，可以根據故事向孩子提問，或是讓孩子複述故事，逐漸鍛鍊孩子的記憶力、傾聽力。或是透過遊戲的方法讓孩子傳話，比如：爸爸跟媽媽說一句「玫瑰花開得好美啊」，之後讓孩子將這句話一字不落地轉告媽媽，逐漸培養孩子的傾聽能力。

處理好父母與孩子的關係

現在的父母大都工作繁忙，很少關心孩子，總以為把孩子放到學校就「萬事大吉」了。其實，除了學習外，父母與孩子的溝通對孩子的成長來說也是非常重要的，父母應當反思自己究竟有沒有關心孩子的成長。

看看我們周圍的一些父母，他們的離異使得很多孩子失去了笑臉。那些被爺爺奶奶帶大的孩子多驕橫無禮，根本不懂得什麼是寬容、尊重。為了讓孩子成才，考出優異的成績，家長絞盡腦汁，但是，他們只知道付出，並沒想到自己做的一切是否是孩子需要的，究竟什麼樣的家庭模式才健康，才利於孩子成長？作為家長，究竟要為孩子做些什麼？這些都是家長及社

會所關心的問題。

　　小樹雖然剛剛二歲半，卻非常喜歡看書。一次，媽媽買來一本雜誌，小樹高興的拿了過去，坐在媽媽懷裡，吵著鬧著讓媽媽講故事。每個故事後面都有幾個小問題，媽媽每次給小樹講完故事後，小樹幾乎都能答對後面的問題。這些問題的答案可以用答案貼紙貼到上面。貼的時候，小樹總是貼歪，媽媽就對小樹說：「怎麼貼歪了啊。」小樹就請媽媽握著自己的手貼，媽媽覺得握手貼有些費事，就對小樹說：「小樹，你自己貼吧。」小樹卻委屈的說：「媽媽，我貼不好。」這時媽媽才發覺到，用大人的標準去苛求孩子是不行的。媽媽急忙對小樹說：「小樹，你貼得很好，再貼一次看看。」小樹小心的又貼了一個，有些歪，但是媽媽卻微笑著對他說：「貼得真好。」時間一久，小樹悟出了其中的原理，就能夠貼得非常好了。

　　還有一個小女孩，叫小翠，非常愛乾淨。小翠的媽媽對她的照顧無微不至，吃飯時必須給她穿圍兜兜，擔心她弄髒衣服，還常常餵她吃飯。雖然小翠不自己吃飯，但每次吃飯時都要仰著脖子、張大嘴巴。久而久之，小翠就養成了習慣，媽媽不餵，自己就不吃。等到小翠七歲時，仍然不會自己吃飯，媽媽想教小翠吃飯，可每次小翠自己吃飯都會掉一堆飯粒，為了避免小翠弄髒衣服，媽媽給小翠穿上了雨衣，旁邊還放了很多衛生紙，只要掉飯粒，媽媽會立即將其擦乾淨，邊擦邊說：「小

翠乖，不要掉飯粒。」弄得小翠很煩，更不喜歡吃飯了。

很多家長抱怨孩子不理解父母，可父母又理解孩子多少呢？你是否了解自己的孩子究竟需要什麼？

溝通

父母和孩子之間的矛盾無時不有、無處不在，雖然血濃於水，父母子女間有親情，很多問題都很好解決，但矛盾仍然存在。若是親人之間缺乏交流，同樣會產生誤會。矛盾處理得不好，還可能會惡化，導致兩代人之間產生隔閡，加深代溝，為日後子女教育、父母子女間的交流帶來隱患。因此，家長應當重視父母子女間的交流、溝通，及時化解矛盾，讓家庭變得和睦。

雖然子女方面有種種問題，但主要是父母平時不尊重孩子，甚至專制、打罵孩子所致，久而久之形成了習慣，忽略了和孩子交流的問題。現在的孩子從小接受民主教育，深受影視文學影響，家長想壓服孩子是行不通的，其結果通常是壓而不服。因此，家長一定要注意和孩子溝通，透過溝通、理解，才能加深父母子女間的感情。

溝通的方法有很多，重要的是父母給孩子平等的地位，做孩子的朋友，給孩子說話的平臺、機會，這樣一來，孩子就會和父母構建親密的關係，很多問題的解決也會變得更加容易。經常和父母溝通的孩子，成長會更為順利，性格會更加開朗，

對他們日後的發展也大有好處。

互相尊重

父母和子女間的相互尊重非常重要，關鍵看家長能不能用平等的眼光看待子女，鼓勵孩子講出心裡話，大人應當耐心的聽取孩子的意見，之後用正確的方式方法引導孩子。時間久了，父母在孩子心目中的地位會越來越高，孩子也會更加尊敬父母，更易接受父母意見。

對於犯錯的孩子，不可急躁，應當耐心的對其進行說服教育，一而再，再而三，重要是關愛之心不能少，不可動粗。應當找出談話效果不好的原因，改變談話方式，找出最佳交流方式。用心和孩子交流，溝通的效果也會更加顯著。

父母先處理好自己的情緒，再教育孩子

暴躁並非天性，而是心中的某種情緒未被處理好。你可以是有性格的人，但絕不能對別人，尤其是對孩子亂發脾氣。因此，暴躁的父母首先要處理好自己的情緒，不能將情緒轉嫁到孩子身上。當然了，處理不等於壓抑。

如果你生氣了，你可以告訴孩子你生氣了，這時孩子就會提高注意。他不願意破壞你們之間的好關係，因為他知道，他的感情、生活需要都要靠父母，因此，只要父母提出的是合理要求，孩子就會想辦法滿足，以維持親子關係。如果你的要求

不合理，孩子很可能會一直煩你。

培養孩子的自我保護能力

孩子的年齡決定了他們愛模仿、愛探險的特點。隨著年齡增長，他們的生活範圍會不斷擴大，這就意味著孩子遇到的危險也在增多，但是孩子的自我保護能力還存在很多問題，只有找出問題根源，才可從根本上解決問題。

現在的孩子如同溫室裡的花朵，深受父母寵愛，所以，生活自理、生存自主、自製、自教、自我防範等方面非常欠缺。

透過深度視覺實驗我們就能夠發現孩子在很小時候就能預見危險，但仍然有很多意外的發生源於缺乏這種預見能力。比如：很多孩子會在家長不注意時玩火，他們將某件物品點燃後會很開心、好奇，甚至會將身體靠近火源，他們點燃物品、靠近火源時沒有預見到這種行為可能會導致嚴重後果。這種能力的發展對提高孩子的自我保護能力非常重要，需要在實踐、生活中逐漸發展開來。

孩子各方面都有一定發展後，就具備了解決問題的能力，但很多孩子面對危險時只會哭鬧，即使有的孩子平時知道如何應對危險，但等到危險出現時卻還是不知所措。

周運今年八歲了，媽媽常常會給他講一些有關自我保護的事情。比如：著火了要用滅火器、地震了如果跑不到空曠的地

方要躲在牆角，獨自一個人在家時有人敲門怎麼辦等。周運平時把這些背得滾瓜爛熟。

　　一天，周運和媽媽在家玩樂。過一會，媽媽去廚房準備午餐，剩下周運一個人待在客廳。周運拿起打火機，一不小心點燃了沙發上的布，火一下子就著了起來，周運心愛的洋娃娃的頭髮也著了起來。場面失去了控制，周運嚇得哇哇大哭，一個勁兒的大喊「媽媽」。媽媽趕緊從廚房走出來，看到沙發上的火，立刻用滅火器滅了火。

　　火滅了之後，媽媽問周運：「你不是知道怎麼滅火嗎？為什麼站在那裡不動啊？」周運回答道：「我嚇壞了，媽媽，忘了怎麼滅火了。」媽媽摸著周運的頭，告訴他自我保護最重要的是實踐，僅僅能說出如何保護自己是不夠的。從那天開始，媽媽就對周運實行了「滅火演練」。比如：媽媽有時候會故意在地上放個菸灰缸，點燃紙屑，讓周運來應對這場「火災」，連續進行幾次這樣的訓練之後，周運的膽子越來越大了。

　　很多人只看到孩子自我保護能力不足的問題，卻並未找出其中的原因，只是針對問題的表面採取了一些措施，可這些措施的效果卻不是很好，主要原因包括：

家長的僥倖心理讓孩子忽視了安全知識

　　很多家長發現，教孩子的安全知識對他們不起作用，面對各種刺激、誘惑時，他們會忘記這些安全知識、安全忠告。孩

子天生活潑好動，對事物充滿好奇，愛挑戰，具有一定的判斷能力，能夠透過自身經驗判斷成人教授的安全知識正確與否。如，成人告訴孩子在樓梯上跑易摔倒，但他們在樓梯上跑了很多次都沒有摔倒過，因此，他們認為成人的觀點是錯誤的，卻不知道這只是僥倖，這樣一次次的僥倖讓孩子選擇吸收家長教給他們的安全知識，卻助長了他們的不安全行為。

自制力差

　　孩子的自我控制能力指的是孩子對自身心理、行為的主動掌握，是個體自覺的選擇，沒有外界監督時能夠抑制衝動、抵制誘惑、延遲滿足，是一種調整、控制行為，進而確保目標實現的綜合能力。有的孩子雖然已經了解了一些自我保護知識，但是他們面對挑戰、誘惑時會忽略安全隱患，所以很容易出現危險狀況。孩子在活動的過程中會追求新鮮刺激，完全不考慮後果。比如：孩子們一起盪秋千時，一開始只是一個坐著，另外一個或兩個人在一旁助力，但是時間久了，孩子會覺得這樣很無趣，可能會蹲坐在秋千上，甚至讓同伴把兩條秋千繩捲成麻花狀尋找刺激，殊不知這樣做是很危險的。

電視、電腦等設備影響

　　現在的家庭幾乎都有電視、電腦等設備，它們對孩子的吸引力很大，使得現在的很多孩子不喜歡出去玩樂，而是待在

家裡看電視、打遊戲，有些家長認為孩子待在家裡是比較安全的，所以也不阻止孩子這樣做。實際上，孩子玩電子產品時會忘了時間，如此一來，他們的戶外活動時間就不能保證，身體得不到鍛鍊，體質的發展就會相對較差。並且，經常參加戶外活動的孩子可以獲得更多生活經驗，進而提高其對抗危險的能力。

家長過度保護孩子

很多家長擔心孩子會出意外，於是剝奪了孩子透過實踐鍛鍊、提高自我保護能力的機會，過度保護孩子，使得孩子的協調能力、反應能力變差，特別是對於某些膽小體弱的孩子來說，生活中常常會遇到這樣或那樣的情況，而他們的反應卻總是那麼慢，靈活性不高，並且，這些孩子大都缺乏預見危險的能力，因為他們缺乏足夠的關於危險的生活經驗。

家長對孩子的過度保護不利於孩子掌握安全知識、養成良好的安全習慣。很多孩子都會出現這樣的情況，在學校遵守安全行為，回家後卻不遵守了。主要是因為孩子在學校中有老師、小朋友監督，到家後卻放縱自己。

家長只有針對孩子的身心發展特點、孩子自我保護能力不足等原因採取適當方法，才可以有效提高孩子自我保護的能力。

體驗活動，強化孩子的自我保護意識

提高孩子的自我保護能力時，家長或學校可以發展一些體驗活動，幫助孩子提高自我保護意識，消除那些由於僥倖做出的危險行為。比如：孩子喜歡摸水壺，家長可以讓孩子拿掉水壺蓋，把手從最高處慢慢接近水壺口，等孩子感受到溫度，感覺到害怕時自然會把手拿開，這樣他就知道水壺是有一定危險性的了。

提高孩子的自制力

孩子的自制力很差，所以，家長想提高孩子的自我保護能力，應當首先培養孩子的自制力。可以透過做遊戲、制定遊戲規則提升孩子的自制力。比如：孩子在玩找玩具遊戲時，家長負責藏玩具，孩子負責找玩具，誰找到的玩具最多，誰就能得到一大盒巧克力。家長藏玩具時，孩子要閉上眼睛，如果誰被抓到偷看了，就算犯規，當局遊戲不能參加。等到孩子的自制力有了一定發展後，再面對挑戰性、刺激性的危險事物時，就能有所控制了。

保證戶外活動時間

參加戶外活動能夠增強孩子的身體狀況，而這是孩子自我保護能力提高的重要條件，體質的提升意味著孩子肌肉、關節等的變強，這樣能夠減少孩子受傷的概率。經常參加戶外活動

的孩子身體靈敏，他們避開危險的能力會有所提高；不經常參見戶外活動的孩子大都較膽小，遇到危險常常會不知所措。

透過模擬遊戲提高孩子應對突發事件的能力

家長或老師可以為孩子設計多種突發事件場景，讓孩子在玩樂的過程中將安全知識落實。比如：遇到陌生人怎麼辦，可以找個孩子不認識的人上前與孩子搭訕，家長或老師躲在能看到孩子卻不被孩子看到的地方，觀察孩子的反應。如果孩子可以冷靜下來，不和搭訕者接觸，走到人多的地方，那麼就說明孩子已經掌握了對付陌生人的方法。活動時，家長或老師應當規範、嚴格一些，讓孩子感受到危險性，不能嘻嘻哈哈，活動前應給孩子灌輸應對問題的方法，以及陌生人搭訕可能對他們產生的嚴重危害。

強化孩子安全行為

幾乎每位家長都知道培養孩子的自我保護能力非常重要，但是在現實生活中，能教授孩子這方面知識的家長卻不足一半。正是由於家長的忽視，使得孩子的自我保護能力得不到提高。所以，家長一定要遵循安全行為規則，同時教育、傳授孩子這方面的知識，這樣才能時刻確保孩子的安全。

第八章
培養孩子的理財能力

幫助孩子規劃自己的每一分錢

　　新春佳節時，對孩子來說最開心的就是可以得到壓歲錢。現代人出手都很大方，所以，現在的孩子過年時收到的壓歲錢數目也是不小的。可面對這些錢，孩子要怎麼規劃它們呢？

　　冬冬今年十歲了，他的爸爸是某公司的老闆，媽媽常常在公司幫助爸爸，家庭比較富裕。所以導致一個問題，爸爸媽媽很少限制冬冬的零用錢，也希望培養他的獨立能力，讓他自己打理壓歲錢，基本不過問錢的去處。但沒過多久，爸爸媽媽就發現這樣做存在一些隱患。因為冬冬完全不知道怎麼合理分配這些錢，而是「花錢如流水」，喜歡什麼就買什麼。

　　對於十歲的孩子來說，思維尚未成熟，管錢能力還比較差，所以，讓孩子自己做主通常會使得孩子不知所措；再加上孩子思維簡單，手裡有太多錢並不安全，也不利於孩子健康成長。

　　婷婷六歲那年的春節，親戚朋友給了她很多壓歲錢，媽媽給婷婷買了個存錢筒，並且告訴她，今後這些錢歸她支配。聽到媽媽這麼說，婷婷非常開心。但是媽媽又說：「不過你要學著理財，注意節省，要有計畫，年終時媽媽要查帳。」婷婷選了一個漂亮的本子用來記帳。等到年終時，媽媽開始查帳，帳上不但沒有赤字，還剩下了一千多元。接著，媽媽又提出了更高的

要求：「婷婷已經長大一歲了，以後學雜費要由自己承擔。」直到婷婷國中畢業時，她基本上沒伸手跟家人要過零用錢。有時候，遇到捐款的事，婷婷還會主動拿出自己的積蓄。

　　兩個孩子，因為處在不同家庭，有不同的理財觀念和理財行為。那麼家長應當怎樣做才能幫助孩子合理規劃自己的每一分錢呢？

父母以身作則

　　對於孩子來說，尤其是年紀較小的孩子，他們的心靈如同一張白紙，會模仿父母的行為。孩子接觸最多的就是父母，他們是孩子的啟蒙老師，父母的理財思想、習慣會對孩子產生深遠影響，因此，父母應當從自身做起，擁有正確的理財觀念，之後為子女做示範。

分享對金錢的看法

　　家長應當和孩子分享對金錢的看法，只有這樣，孩子才能知道出現金錢衝突時要和家人討論一下，並且衝突背後通常需要妥協。與孩子討論金錢時，父母應當從孩子的角度出發看問題。

　　比如：當孩子問家長賺了多少錢時，他們並非想知道父母究竟賺多少錢，而是想知道自己為什麼得不到自己想要的玩具，或是家長為什麼不能到學校觀看自己的表演。所以，在具

體事情上與孩子交流一下金錢問題也非常重要，因為孩子想了解成人的世界如何運作。賺錢、花錢、分配、借錢、存錢時，都可以讓孩子了解金錢是怎麼運作的，是什麼原因讓大人做這樣的決定的。

控制孩子得到錢的途徑

孩子可以在節日裡得到父母或親人給的錢，或是透過做家事的方法獲得報酬，得到錢的途徑沒對錯之分，任何一個家庭都有其相對應的經濟方案，是否給零用錢也是由家庭決定的。

很多家長給孩子零用錢是由於外部壓力：其他小朋友都有零用錢。實際上，有的家庭因為經濟狀況問題，根本不給孩子零用錢。其實除了零用錢，家長可以透過很多方法教孩子學會理財。

通常情況下，給零用錢可以根據家庭經濟狀況的變化而變化。父母可以根據家庭財務狀況和孩子商量零用錢的多少，家長會發現孩子在困難時期會更為努力、用功。

培養孩子的金錢觀念

將對孩子的教育集中在賺錢、花錢、存錢、借錢、錢財的分配等方面。孩子可以說整句話時，父母可以先實施前三個概念，等到孩子稍大一些時，再給他灌輸借錢、錢財分配的概念。後兩個概念的理解需要懂數學，擁有辨別觀點的能力，只

有進入小學後，那些能力才可被發揮出來。

這裡提到的金錢觀是非常普通的。賺錢就意味著孩子怎麼得到錢，花錢即孩子怎麼使用錢，存錢即孩子怎麼儲存錢。分享包括兩種含義：和比較不幸者分享；履行某些義務，如納稅，提供有意圖的學習經驗、金錢概念。金錢概念能夠為孩子提供實踐技能、知識，為孩子提供金錢是基於家庭觀念、信仰的看法。

培養孩子的理財能力

理財教育屬於一種教育手段，其目的並不是讓孩子存多少錢，而是讓孩子成為能幹、健全的人。歸根到底，理財教育屬於素養教育的行列，理財的素養之一就是誠實，因為誠實關係著孩子將來用何種態度從事有關錢財的活動。

成成今年七歲，讀小學一年級。成成的家庭條件比較富裕，但是爸爸媽媽都是非常「會過」的人。受爸爸媽媽的影響，成成也養成了存錢、賺錢的好習慣。但有一點卻不太好，就是成成把錢全部存起來，卻不懂得怎麼花錢。

有一次，成成的作業本用完了。為了節省本子，成成居然把作業寫在了封面上；用過的本子，他也會擦掉再重新用。老師教孩子們用鋼筆寫字時，成成卻不捨得買鋼筆，買了個碳素筆代替。老師了解成成的家庭狀況後，不相信成成的媽媽捨

不得給他買鋼筆，就把成成訓斥了一頓，讓他回去重新買鋼筆練字。

還有一次，某山區有災難，學校組織同學和老師捐款。沒想到，成成說什麼都不肯捐。當老師問成成為什麼不捐款時，成成卻回答說：「我媽媽說了，我家的日子都過不好，拿什麼捐給別人啊！」老師也沒再說什麼，畢竟捐款是自願的事。

節省用錢、存錢雖然是好事，但過度吝嗇，讓孩子只認錢、不認人和事，對孩子的健康成長也是不利的，這說明對孩子的理財教育是有缺陷的。

家長不僅僅要教育孩子如何存錢，更要教育孩子如何用錢，有句話叫「錢不是攢出來的」，的確，該花錢的地方還是必須花的。我們可以看看身邊那些成功人士、富商，雖然有些仍舊保持節約的品德，在衣食上非常樸素，但在待人接物上卻從不吝惜錢財，他們的身邊有很多朋友、貴人。

從學生時代可能聽過〈守財奴〉這篇故事，主人公葛朗臺極盡節儉，一生中幾乎從未為自己和家人花過錢，可是他的一生是多麼不幸啊，不但如此，就連他的女兒、老婆也跟著他不幸。葛朗臺雖然保留了自己的財產，但這些財產和那些牆角埋著的磚頭瓦片一樣毫無意義。

那麼，父母應該怎麼培養孩子的理財能力，才能讓孩子既不吝嗇，又不鋪張浪費、被金錢迷惑呢？

1. 父母應當為孩子闡述誠實品格的意義，及不誠實會導致怎樣的後果。要幫孩子將誠實品格個性化，鼓勵孩子面對生活中的艱難做選擇時誠實、積極進取，不被金錢所迷惑。

2. 還應當告誡孩子，面對金錢時必須保持自尊，因為金錢容易讓人喪失自尊，做出違背良心的事。一個人如果可以在金錢面前保持自尊，不出賣自己的靈魂，就會獲得世人尊重，金錢也會尊重他，讓他做出更大的事業。

3. 家長還應當告訴孩子要勤儉節約，認識到每樣東西的價值，不應該進行無謂的揮霍、破壞、消耗。應當讓孩子明白，節儉是美德，不管是在貧窮年代，還是如今的富裕年代，都要崇尚節儉。

4. 雖然錢財的誘惑很大，能夠幫我們做很多事，但是家長一定要囑咐孩子，不能貪財，因為錢財雖然能夠為我們的生活提供保障，但它並不能創造出具有真正意義的生活，貪財易使人誤入歧途。

鼓勵孩子將錢存入銀行

大人們的理財方式有很多種，其中，最常見的方式就是存到銀行。大人的理財很重要，但孩子的財商同樣不可忽視。

第八章　培養孩子的理財能力

　　小林期末考試考了第一名，媽媽決定帶著小林去買他心儀已久的直排輪，價值兩千元。但是，小林卻搖搖頭說不要鞋了，希望媽媽可以將這兩千元存到他的銀行帳戶中。看到小林越來越靠近理財之道，媽媽滿心歡喜。

　　原來，為了幫助小林學會理財，媽媽特意帶著他到銀行開戶，而且承諾只要帳戶中的錢每年都呈遞增的趨勢，媽媽就會再給他一定的金額作為獎勵。現在，小林不但不亂花錢了，也逐漸明白了如何計算自己帳戶中的錢，甚至還私下裡打聽存款利息是多少。

　　孩子年紀小時，家長可以給孩子買個存錢筒。等到孩子年紀稍微大些，就可以幫孩子拿出存錢筒裡的錢，帶著孩子到附近郵局或銀行開戶儲蓄。開設銀行帳戶除了能夠讓孩子了解存錢的地方，還能夠讓孩子實際感覺到把錢存入銀行能夠獲取更多的錢，明白什麼是利息。

　　孩子有了銀行帳戶後，父母可以抽空帶孩子到銀行補登存摺，或是下載網路銀行 APP，從存摺明細中觀察數位變化，感受金額的增加。父母到銀行存錢時，也可以帶著孩子一起去，讓孩子了解存錢的重要性。

　　美玲念小學二年級時，媽媽曾經給她設計了一個提款機小遊戲，邀請了好幾個小朋友參與其中，透過這個遊戲讓這些小朋友認識什麼是提款機、什麼是錢，為什麼可以從提款機中

取錢等。

　　透過遊戲的方法讓孩子了解銀行、存取款機的功能、使用方法等也是非常不錯的，能夠激發孩子的渴望心理，渴望去存錢、了解銀行及其相關內容。父母不要以為孩子年紀小就可以對這些事情漠不關心，讓孩子早些了解這些事情，他們長大之後獨自面對這些事時就不會那麼舉手無措了。

　　盧巧今年十九歲了，要到外縣市念大學，爸爸媽媽、爺爺奶奶對這個家裡唯一的大學生非常不放心，沒辦法，只有爸爸「親自出馬」送盧巧去學校了。剛開學，算上學費、住宿費、伙食費要帶將近五萬塊錢。爸爸便帶著盧巧到學校附近的銀行裡存錢。剛進銀行大門，盧巧就看到開戶的窗口排了很多人，專員告訴盧巧，可以先填個開戶的單子，這樣一會排到自己時就可以直接開戶了，能省去不少時間。盧巧接過開戶需要填寫的表單，一下子就呆住了，她從來沒填寫過這樣的表單，該怎麼下手呢？爸爸看到女兒一臉疑惑，接過表單說道：「沒事，讓爸爸來填。」專員笑著對盧巧的爸爸說：「您的女兒今年最小也滿十八歲了，您必須放開手讓她自己做些事情，填寫開戶是件很容易的事，我相信她自己完全可以應付。」說完，把開戶表單又放到了盧巧的手上，微笑著說：「沒關係的，小女孩，有什麼不懂的地方可以直接問我，寫吧。」

　　透過這個案例能看出，很多大學生生活不能自理並不是自

身的原因，而是家長從小為孩子「包辦」一切事宜所致，盧巧已經是成年人了。在這個年紀，在美國都已經自己打工賺錢繳學費了，反觀不少父母還要幫孩子搶填銀行表單。如果父母從小培養孩子存錢的習慣，為孩子開帳戶，經常帶著孩子到銀行辦理業務，孩子在日後面對這些事宜時也不會那麼慌張、不知所措了。

父母應當如何鼓勵孩子把錢存入銀行呢？

協助孩子設定存錢目標

孩子存錢大都是想花掉，等到孩子有了自己的存錢筒或帳戶後，可以和孩子討論怎樣運用金錢。首先教孩子認識需要和不需要的東西，之後，讓孩子寫下想要什麼、何時想要。比如：寒假時想要一雙直排輪，暑假時想要一個雙肩背包等。有了這樣的計畫，孩子存錢就有了目標。

設定鼓勵方案

為了鼓勵孩子存錢，家長可以設定鼓勵方案，比如：孩子每個月需要存夠多少錢，存到某個金額數目時家長會獎勵他們多少錢等。這樣一來，孩子存錢的積極性就會更高，更加節省平時的零用錢。

給孩子灌輸存錢意識

選擇在孩子興趣較高時為孩子灌輸存錢意識。開戶時最好

選擇帶理財功能的帳戶，最好將網路銀行一併開通，這樣，以後就無須到銀行櫃檯也可以透過網路或 APP 進行轉帳、查帳了。家長應當提醒孩子，到銀行開戶時注意設定密碼，並且囑咐孩子，密碼一定不要告訴外人，也不可以設定或是生日或身分字號太過簡單的密碼。可以跟孩子講明，錢放到存錢筒中不會發生變化，但是放到銀行中卻會越存越多。等到孩子年齡適當時，家長可以教孩子計算利息。

教育孩子生活要簡樸

現在多數家庭經濟條件好，吃喝穿樣樣不愁。即使條件不太好的家庭，也會因為疼愛孩子，擔心孩子受委屈，將苦、累埋在心裡，不願意讓孩子的生活有所欠缺。所以，現在的孩子大都過著養尊處優的生活，根本感受不到吃穿是怎麼來的。在孩子的意識中，自己擁有的一切都似乎是與生俱來的，不用付出辛苦，所以，現在的孩子大都沒有勤勞簡樸的精神。

但是家長應該明白一件事，現實生活並不是這樣的，美好的生活需要透過辛勤的勞動獲得。古詩《憫農》中寫道：「鋤禾日當午，汗滴禾下土，誰知盤中餐，粒粒皆辛苦。」只有那些經歷過辛苦勞動的人才明白這滋味。

家長應當讓孩子明白，即使爸爸媽媽不是個農民，也是在用自己的勞動換取別人的勞動，才過上衣食無憂的生活。用自

己的勞動換取別人的勞動是光榮的。無論是一粒米、一本書，還是一雙鞋子，都包含著無數人的勞動、父母的心血。

很多父母都有這樣的錯誤觀念：「家境到了哪一步，就給孩子配備相對的生活。」其實，即使家境富裕了，也不能放縱孩子的生活。適當把孩子的生活簡樸化，你會發現，孩子更加懂事了，更易克服生活中的挫折、困難等。

那麼，父母應當怎樣教育孩子簡樸生活呢？

限制孩子的零用錢

當孩子無限制的伸手向你要零用錢時，你應當對其有所限制，同時對孩子講清楚，這些錢是父母辛苦賺來的，如果你愛爸爸媽媽，就要珍惜這勞動的果實。孩子把沒有用完的筆記本丟掉時，父母應當對孩子說：「你丟掉的不僅僅是筆記本，更是爸爸媽媽的血汗錢。」孩子想把好好的衣服扔掉再買一件時，父母就要和孩子說：「你是在扔爸爸媽媽的辛苦。」

追求樸素的生活

追求樸素的生活並不是指苛求孩子，因為不懂得追求美好生活的孩子是沒有上進心的。每個人都有追求美好生活的權利，但是，家長應當為孩子設定一個度。比如：一枝鉛筆，如果是因為寫功課用掉了就不是浪費，如果是亂丟就是浪費。生活中，類似的小事隨處可見，家長千萬不要抱有「見怪不怪」的

心理，應當提醒孩子那樣做是不對的，幫孩子養成艱苦樸素的習慣，時時刻刻關心孩子生活中的點點滴滴。這對孩子來說，一生都會受益匪淺。

財富傳承，授「魚」不如授「漁」

家境再好，也不能一股腦把自己奮鬥獲得的財產全部交給子女，這樣容易讓子女產生「坐吃山空」的心理，認為既然已經有足夠的金錢去享受後半生了，就沒有什麼必要繼續奮鬥了。

你給後代留下那麼多錢有什麼用？不但不能幫助他們，還可能會害了他們，使得他們不思進取。在這個競爭激烈的社會中，不進則退，沒有優秀人才，財富則難以持久。即使我們將財富傳給後人，也經不過三代就會一無所有。世界上沒有哪個人可以將財富五代十代的傳遞下去，不是有句古話叫「富不過三代」嗎？說的就是這個道理。

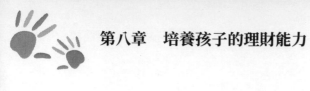

第八章　培養孩子的理財能力

第九章

培養孩子的社交能力

培養孩子社交的能力

不管做什麼事情，不管目標是什麼，單槍匹馬總是不行的，團隊的力量不容忽視。社交能力是當今社會中必不可少的素養之一，培養孩子的社交能力是教育過程中的重要內容。

在培養孩子社交能力之前，首先要做的就是讓孩子學會接受別人。家長可以經常為孩子灌輸合作的思想，告訴孩子哪些行為是值得學習的，不能一味的由著孩子的性子。與人合作的過程是快樂的、幸福的。家長應當教育孩子善於發現別人的長處，懂得誠心讚美別人。在這個過程中，家長也要做好自己的榜樣工作，日常生活中注意自己對人對事的態度。

李彬今年十一歲了，是個非常害羞的小男生，上課時不敢發言，出門時躲著人群。除了在父母面前，李彬幾乎不知道怎麼與其他人相處，即便是親戚也不例外。

李彬的父母從小疼愛李彬，事事都為李彬做好。週末時，李彬很少和其他小朋友一起玩樂，父母不是擔心弄髒李彬的衣服就是擔心李彬會在與其他小朋友玩樂的過程中受傷。

一次，表姐妹和表兄弟們來家中做客，眼見著他們歡聚一堂，笑聲充滿客廳，李彬卻怎麼也不敢走出臥室。他很擔心自己會在親戚朋友面前出醜。媽媽覺得李彬太過膽小，硬是將他從臥室中拉了出來，讓他和表兄弟們玩樂。誰知，李彬剛從屋

子裡走出來，臉「刷」的一下子就紅了，說話也結巴起來。表兄弟、表姐妹們更是笑得前俯後仰，從那之後，李彬更是不敢見人了。

其實，像李彬這樣的孩子並不在少數，他們缺乏團隊合作意識，更缺乏社交能力，甚至不知道該如何與人溝通，這樣的孩子長大之後也難改膽怯的性格，難成大事，所以，家長一定要注意從小培養孩子的社交能力。

平時多讓孩子參加團體活動

家長不要因為愛孩子就一味的把孩子留在身邊，不讓孩子接受任何遊戲、任何活動，甚至任何除家人之外的人，這種強制性縮小孩子交際圈的行為對孩子的成長極為不利。家長應當積極邀請其他小朋友到家中做客，鼓勵孩子們參加團體意識較強的活動，如籃球、足球等。這些活動不但能夠提升孩子的身體狀況、競爭意識和協作意識，還能夠培養孩子們的合作精神。

培養孩子寬容的品德

想讓自己的孩子擁有社交的能力，首先應當培養孩子的寬容品德。讓孩子懂得關心、愛護、幫助他人。父母一味的對孩子嬌生慣養，只會讓孩子變得以自我為中心、自私自利，缺乏團結友愛的精神，不願意與人相處、合作，或是根本無法與人合作。很多父母為了避免孩子受欺負，給孩子灌輸霸道、逞強

的思想，使得孩子在和其他小朋友相處時表現得很不友善，久而久之，自己的孩子就會被孤立，對他的健康成長很不利。如果發現自己孩子身上出了問題，被其他小朋友孤立，應當及時與孩子溝通，教育孩子在遊戲、玩樂、合作的過程中以寬容為本、友善為主，盡量避免和其他小朋友發生衝突，在合作的過程中健康、順利的成長。

培養孩子獨立解決衝突的能力

孩子在遊戲過程中難免會因為這樣或那樣的因素發生衝突，如果孩子們的衝突得不到好的解決，很可能會給孩子的心靈帶來負面影響。當然了，家長和老師不可能時刻陪在孩子身邊幫助孩子解決衝突，因此，培養孩子獨立解決問題的能力尤為重要，這種能力同樣也是合作能力中不可缺少的部分。家長和老師可以透過教孩子們用協商、謙讓、諒解等方法去解決問題，讓孩子在與人相處的過程中不斷獲得經驗，綜合能力不斷提高，為日後合作奠定良好的基礎。

讓孩子意識到團結友愛的重要性

孩子不懂得怎麼與人合作，或是沒有意識到合作的重要性，父母應當培養孩子的團隊合作意識，讓孩子明白一個道理：單靠自己的力量是不能在生活中得心應手的。父母可以借助一

些故事、例子讓孩子明白合作的重要性。

薇薇今年八歲了，各方面的表現都很好，但是不懂得怎麼與人合作，為了讓薇薇明白與人合作的重要性，媽媽採取了這樣的方法：

一天，薇薇吃過飯，媽媽就把她叫到身邊，給她講了個故事：「從前有幾兄弟，他們常常吵架。一天父親將他們叫到身邊，拿出一把筷子，說道：『你們誰可以將這把筷子折斷？』幾個人輪流試了一番，都未折斷。這時，父親將筷子拆開，分給每人一根，讓他們再折，他們一下子就折斷了。父親看到眼前的景象，語重心長的說：『你們看，一把筷子那麼結實，一根筷子卻很容易被折斷，從今往後，你們不要再吵架了，團結的力量才更大。』」聽完媽媽講的故事，薇薇點了點頭，好像明白了媽媽的用意。

團結友愛是孩子形成道德素養的基礎，對孩子進行良好品德教育的過程中，家長應當注意培養孩子對周圍人、事的友愛情感。

父母要怎樣做才能讓孩子意識到團隊的重要性呢？

培養孩子的友愛意識

現在的孩子大都是獨生子女，他們受到多方的關懷、照顧、保護，但是，也是這諸多的關愛，使得現在的孩子出現了任性、孤僻、自私等弱點，所以，在對孩子進行品德培養的過

程中，應當將友愛教育放在首位，也就是對孩子進行關心他人、照顧他人、體貼他人、友愛他人、樂於與他人相處的教育。

　　培養孩子的友愛意識是友愛教育的第一步，可以透過講故事、念兒歌、唱歌等方法給孩子提供一些生活中經常遇到，卻又覺得困惑的道德場景，引導孩子去思考，讓孩子可以在和同伴的討論中學會從不同角度思考、解決問題，幫助其知曉他人的需求、感受，提升孩子團結友愛的意識，進而萌發孩子關心他人的情感、願望。

教孩子友愛的行為方式

　　在孩子形成友愛意識的基礎上，家長可以教給孩子一些友愛行為方式，引導孩子友愛他人。恰當的行為方式能夠讓好的動機實現，而不恰當的行為方式會導致誤解、衝突。當孩子心中產生了關心、幫助他人的願望時，應當及時教孩子友愛的行為方式。

　　一次，七歲的張歆藝帶了幾個小朋友到家裡做客，媽媽拿出零食讓幾個小朋友分享。張歆藝想吃豆干，卻怎麼也打不開，一旁的張樂看到了，想幫助她，一下子搶過豆干就撕了起來。結果，張歆藝以為張樂在搶自己的東西，和張樂大吵起來。媽媽趕緊走過來詢問二人吵架的原因。找出事情的緣由後，媽媽對張樂說：「張樂，你想幫張歆藝的心思阿姨是知道的，但是你的方法用錯了，讓張歆藝誤會了，你應該先徵求張

歆藝的同意,對她說『我來幫你好嗎』,這樣不但不會產生誤會,還會促進你和歆藝之間的友誼。「張樂點了點頭,把手中的豆干還給了張歆藝,說:「豆干我已經幫你打開了,吃吧。」張歆藝也為自己剛才的舉動感到不好意思,對張樂說:「謝謝你,我們一起吃吧。」兩個小朋友又像剛進家門時那樣開心了。

在對孩子進行友愛行為方式的教育過程中,應當注意誘導孩子友愛他人,對孩子樂於助人的行為大加讚揚、鼓勵,哪怕只是很普通的事情也要如此。孩子的友愛行為被肯定,他們就會更加積極的推崇這種行為。

充分發揮榜樣的作用

在孩子的團結友愛教育過程中,榜樣的力量不容忽視。模仿是孩子的天性,家長和老師都是孩子良好行為的榜樣,在對孩子進行團結友愛的教育過程中有著重要作用。要求孩子怎麼做,家長和老師應當首先做到,他們的言行對孩子有著潛移默化作用。利用榜樣對孩子進行教育,可以把抽象的道德意識具體化、形象化,孩子也更容易接受。用我們的行為去影響孩子,在無形之中教育孩子。

讓孩子懂得尊重他人

你帶著孩子出門時,是否當著他的面歧視過清潔工、服務

員；看到街頭賣藝的人時，你是否掏出一元，讓孩子放到他的碗裡；回鄉下時看到農民伯伯在地裡辛勞，你是否告訴孩子甜美的喊上一聲「伯伯好」……生活中的點點滴滴都能展現出孩子的素養。作為家長，我們應當時刻教育孩子尊重他人，為他人著想。

一位中年婦女帶著一個七八歲的孩子走進了某國際知名公司，坐到了大廈一樓花園的長椅上。這位女士好像很生氣，一個勁兒的訓斥孩子，離他們不遠的地方，一位滿頭白髮的老爺爺正拿著大剪刀修建枝葉，已經修剪好的部分非常整齊漂亮。

可能是訓斥得口乾舌燥，女士拿起飲料瓶喝了起來，喝完後，隨手就把瓶子扔在了地上。那位老爺爺看到了，表情有些詫異，但還是默默的走了過去，撿起飲料瓶扔進垃圾桶，繼續修剪枝葉。

沒過多久，女士又從包裡拿出一團衛生紙扔到地上。孩子非常驚訝，問媽媽：「你為什麼要這麼做？」媽媽雙手一攤，示意孩子不要出聲。老爺爺仍然默默的撿起那團紙。可那位女士不知是什麼目的，反覆扔了五六次。每次老人都會把垃圾扔到垃圾桶，沒有表現出任何厭惡和鄙夷。

孩子的媽媽指著那位修剪枝葉的老爺爺對孩子說：「我要你明白，如果你不努力學習，將來就會和這個老頭一樣沒出息，只能做些卑微、低賤工作。」原來，孩子的媽媽扔那麼多垃圾是

想教育孩子好好學習，這樣將來才能不做低賤的工作。

那位專心修剪枝葉的老爺爺聽到了孩子媽媽的話，走了過來，對她說：「您好，這裡是公司的私家花園，只有集團員工才可以進來。」

孩子的媽媽傲慢的掏出自己的證件，對老人說：「我是這公司的部門主管。」老人停頓了一下，問道：「可以借用一下你的手機嗎？」

雖然孩子的媽媽非常不願意，但仍然把手機遞給了老人。老人撥通了一個號碼後簡單的說了幾句話就把手機還給了孩子的媽媽。媽媽把手機放到包中，繼續對孩子說：「這些窮人居然連手機都買不起，你必須努力學習，知道嗎？」孩子點了點頭。

一會兒，公司的總監趕了過來，孩子的媽媽正準備熱情的向他打招呼，卻沒想到那位總監徑直走到修剪枝葉的老人面前，恭恭敬敬的說：「總裁先生，您有什麼指示？」老人不慌不忙的轉過身，指著孩子的媽媽說：「免去這位女士在公司的職務。」「好的，總裁先生，我馬上去辦。」

之後，老人走到孩子的面前，意味深長的對孩子說：「我希望你明白，學習固然重要，但學會尊重他人更重要。等你真正了解，而且學會如何如尊重別人時，再帶著你的媽媽回來找我。」話畢，他又繼續修剪樹木的枝葉了。

一個人，不管從事哪種職業，不管收入是多少，不管身體

狀況怎樣，都希望得到他人尊重。尊重是種美德，是古老的傳承。如果父母或親人中有不尊重身分、地位、條件不如自己的人，孩子看多了，就會學著他們的樣子不尊重他人。

比如：如果父母常常表現得拜金、物質，孩子就會學會父母的樣子拜金和物質，對班上有錢有勢的孩子另眼相看，卻鄙視家庭條件差的同學。在學校中，孩子間的相互比較現象非常普遍，某個孩子有缺陷，常常會成為班上其他同學談論的話題，他們甚至會一起嘲笑這位同學。老師不喜歡某個學生，其他孩子也可能冷落他。

學校中同學間的比較、老師的看法、社會上其他人的看法，家長都是不能控制的。可是，家長可以控制自己的言行，透過自己的行為感染孩子。還應當提醒孩子：「不管別人的家庭背景、職業、地位、財富如何，成績好壞，是否健康等，我們都應當用平等的眼光去看待他們。尊重他們，只有這樣，別人才會尊重你。其實，尊重別人就是尊重自己。」

尊重是一種修養。一個人對待他人時，不管對方身分地位如何，都顯示出了對對方的尊重，那麼這個人也是有修養的。

一位女士，是某公司的高級工程師，她為人謙和，每次帶著孩子出去玩時都會讓孩子和警衛、清潔工人等親切的打招呼。社區裡有位老爺爺是收回收的，每次家裡回收存到一定數量時，她都會讓老爺爺到樓上去搬，從來沒要過錢。出門遇到

老爺爺時，她也會微笑的跟他說上幾句話。住在那個社區的人不是商業菁英，就是高官人士，而那位女士是唯一主動和收回收的老爺爺打招呼的。

有一次，孩子問媽媽：「這裡的人為什麼都不和老爺爺打招呼呢？」媽媽回答道：「因為他們認為自己的身分比他高貴。」孩子繼續問媽媽：「難道媽媽不認為自己的身分比老爺爺高貴嗎？」媽媽回答道：「是的，每個人都是平等的，我們不能因為自己的條件比別人優越而不尊重別人；如果我們的條件比別人差，我們應當尊重自己，不能看不起自己，明白嗎？」孩子點了點頭。

這位媽媽用自己的言行告訴孩子，每個人都是平等的，身分、地位根本無法判斷一個人是高貴還是卑賤，透過言傳身教，她教會了孩子如何尊重他人。

尊重是一種心態。如果孩子習慣用外在條件進行比較，在遇到比自己條件好的人時，就容易產生自卑、羨慕、嫉妒等心理；遇到比自己條件差的人時，又會產生高人一等的心理，傲慢自大，目空一切，這對孩子的身心健康發展不利。抱著人人平等、尊重他人的心態，就能夠做到寵辱不驚、保持情緒穩定、心態平和。因此，父母有義務教育孩子尊重他人。

讓孩子擁有尊重他人的品格，應當從以下幾方面入手：

父母做好榜樣

父母是孩子的榜樣。透過上述案例可以看出，想讓孩子尊重他人，父母首先應當做到：處在他人之下時尊重自己、不諂媚、不阿諛奉承、不妄自菲薄；處在他人之上時不嘲諷、不貶低、不自大。

從生活的點滴滲透

從上述案例之中也能體會到，對人的尊重並非應付、做作，而是發自內心的，要從生活中的點點滴滴逐漸滲透進去的。孩子在和年長者接觸時，不管是陌生還是熟悉，都應當尊稱「您」，不能用「你」，更不能直呼其名；在商場，看到清潔工打掃衛生時，應當及時繞行，以免弄髒剛剛打掃乾淨的地面；孩子向長輩提要求時，不能亂發脾氣，應當言語平和……尊重並不是朝夕養成的，父母應當善於利用生活中的點滴，教導孩子尊重他人及他人的勞動。

尊重孩子的想法

父母不能一味將孩子看成被教育的對象，應當給孩子提供表達心理狀態的機會，其實這也是父母在為孩子做尊重他人的榜樣，孩子能從中學習到什麼是尊重。父母答應孩子什麼時間去做什麼事情卻沒有做到時，應當及時給孩子道歉，解釋未能履行諾言的原因。及時補過，展現的是對孩子的尊重。

讓孩子體會到分享的快樂

懂得分享是一種重要的品格。一個自私自利、想獨占一切、不願與人分享的人是不快樂的。因為他沒有朋友，他的世界只有物質、利益，他的心也是冰冷的，沒有人願意接近他，他自然無法感知世界的溫暖。

給孩子傳授課本知識時，不要忘了教孩子一些融入團體、助人為樂的知識，這樣才可以讓孩子更加充實，更容易在社會上立足。

珍珍今年五歲了，爸爸媽媽經常鼓勵珍珍與其他小朋友玩樂。有時候，媽媽會給珍珍一些糖果，讓她把它們分給其他小朋友。珍珍很樂意做這樣的事，哪怕只是一個蘋果，只要有朋友在身邊，她就會把它分成幾份。雖然珍珍只有五歲，但深受同社區小朋友的歡迎，孩子們都非常喜歡跟珍珍一起玩樂。

文文今年也五歲了，但卻非常小氣。一次，文文的表妹來家中玩樂，看到了文文的洋娃娃，吵著要抱一會兒，可文文說什麼也不肯放手。表妹上前去和文文搶洋娃娃，誰知文文一生氣，竟然一把將表妹推到地上，抱著洋娃娃跑開了。從那之後，文文將所有自己心愛的玩具和零食都藏在櫃子裡，不讓表妹看到。父母還開玩笑說文文是個有心機的小女孩。

其實，兩個年齡相同的小女孩珍珍和文文的表現之所以不

同，與家長的分享教育關係密切。如果家長想讓孩子更健康、快樂的成長，擁有領導能力，分享是不可或缺的元素。因為分享的過程中孩子能夠看到他人的笑臉，而快樂是會傳染的，別的小朋友快樂了，自己的孩子也會跟著快樂起來。

再來說領導能力和分享之間的關係，試問已是成年人的家長：哪一個願意和「守財奴」一樣的老闆共事，哪一個願意待在「守財奴」的公司？不懂得將利益分享給員工的領導者是不合格的、不夠格的、不能收容或吸引人才的。同樣，孩子領導能力的培養也是如此，不懂得分享的孩子是沒有朋友、沒有號召力、缺乏快樂和信心的。

那麼家長究竟要如何培養孩子的分享能力，並且讓孩子在分享的過程中體會到快樂呢？

告訴孩子要與人分享、樂於助人

家長應當時刻給孩子灌輸分享的意義及重要性，告訴孩子分享傳遞快樂的重要性，並且鼓勵孩子去分享。比如：孩子想將自己的衣物或玩具捐獻給貧困地區的孩子，家長應當予以支持和鼓勵；孩子如果想將自己的零食分給一同玩樂的小朋友，家長也應當予以鼓勵而不是訓斥。這種潛移默化的影響對孩子分享能力的培養至關重要。

謙讓是分享的最初步驟

培養孩子分享能力的過程中，應當將謙讓的品格灌輸給孩子。讓孩子在做事時首先考慮他人的感受，這樣孩子才能贏得更多人的喜愛，才會更容易融入團體。

小美和小潤是非常要好的朋友。一次，小潤到小美家做客，茶几上擺了一盤小美愛吃的點心，小美挑選出一塊自己喜歡的吃了起來；而小潤卻在一旁等待小美挑完後才動手。為了引起小美的注意，媽媽誇讚小潤：「小潤可真是個有禮貌的孩子。」誰知小潤回道：「挑選糕點是女孩子的特權，如果小美是個男孩子，他一定會將挑選糕點的權利讓給我。」小潤走後，小美認真的向媽媽道歉，雖然媽媽沒有責備小美，但小美還是意識到了自己作為主人的失禮。

分享的意義就是獲得快樂

可能孩子小的時候很難懂得分享的意義所在，認為所謂「分享」，無非是剝奪本該屬於自己的東西，在這種情況下，家長可以要求孩子和自己分享，如果孩子連自己最親近的人都不願意分享，那麼就更不可能與其他人分享了。家庭是培養孩子分享能力的重要場合，父母應當充分利用這個場合和機會。

但是家長應當注意，不要強迫孩子分享自己心愛的東西，可能孩子很願意與其他小朋友分享很多東西，但這個東西不一定非要是他心愛的。家長不要打消孩子的積極性，有些家長喜

歡用分享這件事逗弄孩子。比如：媽媽想透過分享食物讓孩子學會分享，於是對孩子說：「讓媽媽吃一口。」等孩子將食物遞過去時她又不吃了，這種行為在無形之中扼殺了孩子的分享快樂。這樣的家長通常沒有真正體會到分享的快樂和意義，而是將分享的過程看成必要的培訓，這種理念本身就是錯誤的。

　　分享的重要意義就是帶給人快樂，要讓孩子從心底感受到分享的快樂，真正懂得分享的意義所在，之後主動、積極的進行分享，並從中獲得快樂！

第十章
培養孩子的堅強意志

培養孩子克服困難的勇氣

我們常常會遇到這樣的孩子，開始做遊戲時表現得很開心、很興奮，一旦發現遊戲有難度就會退縮，家長應當注意培養這樣的孩子克服困難的勇氣。勇氣通常來自曾經克服困難的成功體驗。孩子長大之後會面對各種困難，家長不可能時時待在孩子身邊、事事幫其應付。我們可以看看身邊那些成功的商業人士，哪一個不是自信滿滿、抗壓能力超強？懦弱、膽小怕事、沒有勇氣的人是難成大事的。

每當孩子撞到牆上、摔在地上時，家長都會趕緊扶起孩子，還一邊說著「寶貝不哭」。實際上，這是家庭教育的盲點。孩子撞到牆上、摔在地上並非牆或地的錯，而是孩子自己造成的。父母有義務讓孩子明白，自己做錯了事情要自己承擔責任，這樣他們就會逐漸明白自己和世界的關係。

一個人的路要靠自己走，有人幫助是幸，沒人幫助也不要覺得不幸，應當讓孩子明白，無論遇到什麼樣的困難，都不能怨天尤人，一定要自己勇敢的去面對、克服。

勇氣並非與生俱來的，後天培養很重要，如果你想讓自己的孩子堅強、勇敢，就必須為孩子創造機會，讓孩子擁有克服困難的成功體驗。

一天，馬蘇放學回家，一進門就「哇」的哭了起來，媽媽趕

緊把馬蘇摟到懷裡，笑著問她：「為什麼哭啊？」馬蘇哽咽著回答道：「老師說明天組織同學們玩『跳山羊』的遊戲，可是一直以來，跳山羊都是我的弱項，到時候同學們一定會笑話我的。媽媽，我該怎麼辦啊？」

媽媽溫柔的撫摸著馬蘇的頭，對她說：「沒關係的，我們可以利用今天的時間練習啊。其實，跳山羊是很容易的，只要你抓住其中的技巧，很快就能學會。」

說完，媽媽拉著馬蘇飛奔到花園的跳箱旁邊，認真的練習起來。天還沒黑，馬蘇就已經能夠跳四節那麼高了，馬蘇非常開心，也更有勇氣面對第二天的遊戲了。

很多父母怕孩子哭，怕孩子不開心，軟弱的父母通常會在哭鬧的孩子面前屈服，即使孩子提出種種無理要求，父母也會表示讓步。他們雖然是慈祥的父母，但也是糊塗的父母，等孩子長大之後，不會感激他們的。

父母想讓孩子成才，可成才的先決條件是成人，如果一個人缺乏克服困難的勇氣，是無法在這個社會立足的。一個人未來的事業、個人生活不可能一帆風順，只有不畏艱險、勇敢的人才能克服人生道路上的重重困難。

那麼家長應當怎樣培養孩子克服困難的勇氣呢？

挑選孩子喜歡的人物做榜樣

榜樣對孩子行為的形成、改變都有很大影響，家長應當為

孩子樹立不畏艱難、戰勝挫折的榜樣，這不但有利於提升孩子勇於面對困難的信心，還能夠提醒孩子：每個人都會面對困難，勇於挑戰是有勇氣的表現，無論成功還是失敗都值得肯定。

利用孩子的興趣、需要，為孩子設置一定難度的困難

這裡需要提出兩點：第一，這個困難要與孩子的興趣、需要相結合，這樣，在孩子最初克服困難時才能更加強有力。比如：給孩子新買來的玩具不要幫孩子拆開，讓孩子自己拆開，這樣能夠提升孩子的 DIY 動手能力；第二，要根據孩子的年齡、能力水準為孩子設定與其匹配難度的困難，也就是說，你所設定的困難對孩子來說不能太簡單，也不能太難，能夠讓孩子獨立完成或是在家長的協助下完成。

記錄下孩子成功克服困難的經歷

孩子有了克服困難成功的經歷之後，除了及時肯定孩子的付出、努力，可以幫孩子將經歷記錄下來。提醒家長要注意，不一定非要記錄很大的困難，只要是孩子花費了一定努力成功的事都可以記錄下來。若是孩子年紀較小，家長可以透過形象化的方法，如畫一棵大樹，之後孩子每成功一次就在樹上畫一個紅蘋果，紅蘋果中記錄事情的經過、時間、地點等。將事情記錄下來的好處是能夠長時間鼓勵孩子。並且，當此類事蹟的記錄越來越多時，孩子會覺得自己是個善於克服困難的人，這

能夠幫助孩子建立起克服困難的信心。

應用記錄鼓勵孩子

就是指孩子面對困難感到洩氣時，家長可以翻出這些記錄鼓勵孩子。比如：孩子在跳繩比賽中失敗了，家長可以拿出記錄對孩子說：某年某月某日，你也碰到了類似的困難，但是在你的努力之下最終取得了成功，我相信你這次透過不斷努力也能取得成功。之後根據孩子的能力、困難大小，對孩子進行適當的指導、幫助。

製造挫折，讓孩子應對挫折

東方的父母早上起床後，一邊忙著給孩子做早餐，一邊忙著給孩子收拾書包。出門時還要不斷叮囑孩子「帶好作業」「帶好課本」「帶好便當」「穿好衣服」等。而西方的父母卻不會這樣做，他們可能會偷偷的為孩子的自行車製造障礙，之後躲起來。孩子出門時自己收拾東西，好不容易要去學校了，卻發現自行車壞了，著急得不得了，想找父母幫忙，但父母卻不在家，他們只好自己找工具修理。等孩子找出問題，並自己解決問題後，父母就會出現，欣慰的看著孩子，過去擁抱他，對他說：「你真了不起，我們為你感到驕傲。」

孩子在克服困難中前進，會獲得多方面發展，並懂得積極

的奮鬥、努力。可是在如今的社會中，孩子們很少經歷挫折，因此就需要家長為孩子設置一定的障礙。

不過，父母要慎重選擇這種方法，因為這種方法應用不當反而會傷害孩子，抑制孩子的積極行為。

採用這種方法時要考慮孩子的年齡問題，根據孩子年齡大小、受挫經驗多少而進行區別，年齡越小的孩子，對其設置的障礙應當越小，障礙發生頻率越低。對於那些承受挫折較多的孩子來說，設置的障礙應當相應減少，甚至不能設障礙。

設障礙應當和表揚、鼓勵結合在一起。等到孩子排出障礙、戰勝挫折後，父母應當及時鼓勵、讚揚孩子，強化孩子的積極行為。

這種方法更適合沒有經歷過什麼挫折，卻經常受讚揚的孩子，因此應當為其增加些挫折。承受挫折較多的孩子通常性格內向，不宜採用此法。

設置障礙時應當循序漸進，逐漸增大障礙，不宜在開始時就給孩子下馬威，否則會擊垮孩子的自信。

整個過程中都應當保密，但有些情況除外：比如障礙難度非常大，擔心孩子承受不住刺激等，可以事先和孩子商量。讓孩子了解難度係數、可能遇到的困難等，做到心中有數，就能夠提升孩子排出障礙的可能性。等到孩子在艱難中取得成功後，會更加珍惜自己積極行為獲得的好結果。

孩子遇到障礙時，難免受挫，可能會因為挫折而出現不良情緒，父母應當做好心理準備。對於普通的不良反應可以不予理會；但若是孩子的情緒反應過度，則應及時進行心理支持。

父母在為孩子設置障礙時應當有清醒的認識，這是為了幫孩子迅速發展，不可因為單純的設置障礙而設置障礙。

培養孩子的抗挫能力

在食物和衣物比較匱乏的年代，孩子們的身體承受著飢餓和嚴寒的考驗，溫飽成了威脅孩子生長的重要因素；而現在，孩子們生活在衣食無憂的環境中，嬌生慣養使得很多孩子體弱多病、膽小怕事、缺乏責任感。前者是社會問題，解決的方法就是滿足孩子的衣食所需；而後者是培養方法和觀念的問題，應當從這兩方面進行改進。

父母溺愛孩子主要表現在以下兩方面：太愛孩子，幾乎想將自己的全部給予孩子；對孩子過度保護，怕他受一丁點委屈，甚至孩子掉一滴眼淚父母都要難受一陣子。

其實，孩子就如同小樹苗，需要經歷一些風雨才能茁壯成長。讓孩子經歷一些事，他就能更早的適應社會，增強自我保護能力。

面對孩子抗挫教育的問題，有些家長會說：「現在的生活條件這麼好，有哪個家長捨得讓自己的孩子經受挫折啊？」確實，

抗挫教育對於當代家長來說是個難題，但世事無難事，只怕有心人。

美佳今年七歲了，一次，美佳的爸爸出差了，家裡只剩下美佳和媽媽兩個人。小美佳的家庭富裕，爸爸媽媽也非常疼愛美佳，但卻從來不溺愛她。媽媽平時經常給美佳講一些生活中可能遇到的危險及解決方法，好讓美佳在關鍵時刻具備一定的抗挫能力。

一天，美佳放學回家，突然看看媽媽躺在床上，雖然她不知道媽媽到底出了什麼事，但是她感覺到了異常的氛圍，因為每次放學時媽媽都會走到門口迎接美佳。放下書包，美佳趕緊跑到媽媽面前，問：「媽媽，你怎麼了？」見媽媽不回答，美佳一陣哽咽，嚇得差點哭出聲。突然，美佳聞到了一股瓦斯味，美佳記得媽媽曾經說過，家中瓦斯洩漏不要慌張，先找左鄰右舍求救，之後打電話給 119 消防局報案。

美佳想到這裡，趕緊到對面王阿姨家敲門，把媽媽抬了出去，而後打電話給 119 消防局報案。經過一番搶救，媽媽甦醒過來。美佳看到媽媽平安無事，「哇」的一聲哭了，撲到媽媽懷裡。媽媽一邊流淚一邊說：「美佳，謝謝你救了媽媽的命。」

透過這件事，美佳明白，不管遇到什麼事都不能慌張，哭鼻子是救不了媽媽的，只有及時採取措施才能將危害降到最低。

美佳的媽媽對美佳的抗挫教育是成功的。讓孩子長期生長

在家長築造的溫暖巢穴中，不讓他了解世界還有「危險」「挫折」等詞語，孩子就永遠都長不大，遇事時只會慌不擇路，號啕大哭。

那麼家長在對孩子進行抗挫能力教育的過程中都應當注意哪些問題呢？

不過度溺愛孩子

一直被溺愛的孩子很難聽進父母的勸導，家長在對孩子進行抗挫教育時，孩子表現出的大都是不屑的態度，這是因為，被溺愛的孩子大都認為世界上沒有什麼困難、挫折，一切都有家長幫他們「擺平」，他們做什麼事情都可以毫無忌憚。在這種情況下，進行抗挫教育等於零。

借身邊的例子培養孩子的抗挫能力

可能孩子在成長到十幾歲時都還未經歷過什麼大挫折，這讓孩子誤以為家長進行的抗挫教育沒有意義。家長不妨借助身邊的案例對自己的孩子進行抗挫教育。

一天放學回家，媽媽看到小米的雙眼通紅，仔細詢問，才知道小米班上一位同學的母親生病去世了。媽媽問小米：「那位同學現在怎麼樣了？」小米回答道：「他非常傷心，一直在哭泣。」媽媽又問小米：「如果這件事發生在你身上，你會怎樣？假如有一天媽媽去了遙遠的地方，你放學回家後再也看不到媽

媽，吃不到媽媽做的菜……」

媽媽的話還沒說完，小米「哇」的一聲哭了，撲到媽媽懷裡：「不會的，媽媽不會的。」媽媽溫柔的撫摸著小米的頭，輕聲說：「如果真有那一天，媽媽希望小米仍然快樂、堅強的生活。因為挫折是每個人必經的過程，就像你班上的同學那樣，他如果可以樂觀、堅強的渡過這個難關，做個堅強勇敢的人，他的媽媽也會很欣慰的。日後什麼樣的挫折他都不會怕了。」小米滿眼淚水的看著媽媽，點了點頭。

其實，不管小米有沒有聽懂媽媽的話，他的心靈都經受了一次挫折的洗禮，他的心理正在一次次脫離脆弱，逐漸變得堅強。

讓孩子承受一定的挫折

有些家長不允許孩子承受一點點挫折。孩子在學校不開心，家長就會給孩子換學校；孩子在學校受到老師的訓斥，家長就到學校跟老師理論；孩子在學習騎自行車時摔倒了，家長就每天騎車或開車送孩子上學……

將孩子與挫折「隔離」只會降低孩子的抗挫能力，無法完成抗挫教育。在這種「包庇」下，孩子的行為會越來越惡劣，最終導致一事無成。家長應當給孩子面對挫折的機會，在挫折中磨礪他的心境，讓他一點點變強。這樣，當挫折來臨時，孩子才能在沒有父母在身邊的情況下堅強的應對。

培養孩子承受失敗的能力

家長對孩子的保護總是小心翼翼的，生怕孩子受一點委屈。有時候，孩子的成功、失敗甚至都是家長操縱的，為了讓孩子少傷心、多開心，家長甚至為孩子布「成功」的局。

宋妍今年十二歲了，聰明活潑，學業成績優秀，深受老師和同學的喜愛，但是宋妍有個致命弱點，就是無法面對失敗。每次考試成績一出來，全家人都會非常開心，因為宋妍每次的成績都排在前三名。同時，宋妍也是老師眼中的「模範生」，對她偏愛有加。

但是，意外卻發生了。期末考試，宋妍考了第九，羞憤交加的她把試卷撕了個稀爛，哭著跑回了家，一連幾天都不去上學，非要爸爸媽媽去學校給她申請退學。老師也去宋妍的家勸說了幾次，卻沒什麼效果，一直惋惜著。宋妍這孩子脾氣太過倔強，她總是覺得自己的考試成績差了，同學們會嘲笑她，無論如何都不再回學校。

對孩子萬般呵護的心是可以理解的，但這種做法卻會降低孩子承受失敗的能力。一定強度、數量的失敗能夠堅強孩子的意志，提升孩子克服困難的能力，以及對周圍環境的適應能力。作為家長，不能一直讓孩子避免失敗，而是應當鼓勵孩子勇敢面對失敗，將孩子體內的意志力、毅力、適應能力等大幅

　　度激發出來。所以，父母應當經常同孩子交流，鼓勵孩子勇敢面對失敗。

　　家長應當明確一點，任何事情都具有兩面性，失敗也是如此。父母不能只看到失敗帶給孩子的消極狀態，還應當看到它有益的一面。如果父母能意識到這一點，就能夠主動給孩子嘗試失敗的權利了。

　　案例中提到的宋妍，雖然成績優秀，但卻沒有優秀的心智。在她眼中，只有成功才是驕傲的資本，才有資格待在學校，這樣的孩子一旦承受失敗將會面臨毀滅。即使宋妍上學時沒有遭遇過失敗，等到步入社會上時，吃「閉門羹」是難免的，到時候，她怎麼應付得了，又如何在社會中立足？所以，培養孩子承受失敗的能力是非常必要的，尤其是對現在這些養尊處優的孩子來說更是如此。

　　父母應該怎麼培養孩子承受失敗的能力呢？

對孩子的幫助要適可而止

　　父母不能無休止的幫助孩子，更不可以包辦代替，不讓孩子吃一點苦頭，為孩子鋪路，不讓他面對失敗。孩子年紀小時，父母可以幫他鋪路，可終有一天孩子要自己走路、獨自闖蕩，到那時他要靠什麼繼續走下去？所以，父母必須明白，一味的保護孩子，為孩子鋪路，不如教會孩子如何應對失敗、解決困難。這樣一來，不管將來有沒有別人的幫助，孩子都能獨

當一面。

父母的鼓勵、勉勵

孩子面對失敗時，父母不能說：「別怕，爸爸會幫你擺平的。」而應該說：「沒關係的，我們可以從這次失敗中獲取教訓，以後盡量避免類似事情的發生。」父母的鼓勵、勉勵能夠讓孩子重獲信心，積極去分析失敗的原因，並從中學到一些經驗教訓，再度遇到失敗時能夠自如應對。等到孩子長大之後，在工作中遭受失敗時，就不會垂頭喪氣，而是會重整旗鼓，再度奮戰！

幫助孩子調整不良情緒

不管是成年人還是孩子，都不可能整天無憂無慮，我們都希望孩子可以學會調整自己的情緒，使其向著快樂的方向轉化，可事實卻常常不盡如人意。

情緒是人天生的心理反應，包括憤怒、恐懼、悲傷、快樂等。每個人都有情緒，每個人都希望每天帶著積極情緒生活，但卻難免會消極，用不良的情緒表現出自己的心情。

孩子表現出不良情緒是很正常的，但是有的孩子表達得較溫和，而有的則較強烈。父母要做的，就是教會孩子如何調整情緒，指引孩子用科學的方法疏導心情。

第十章　培養孩子的堅強意志

　　一般來說，孩子表現出來的喜怒哀樂都很真實，通常直接支配孩子的行為。可能在成人看來不值一提的小事常常會引發孩子激烈的情緒波動，甚至會讓孩子的表情、聲調、手勢也跟著變化。通常情況下，一個人發脾氣時旁觀者會躲得遠遠的，或者予以勸說。但是，當孩子發脾氣時，受到的卻可能是訓斥或打罵，由此我們也能看出，成人、孩子發脾氣時受到的卻是不同的待遇。所以，家長應當學習、掌握，甚至有義務教會孩子調整情緒，讓孩子養成好的情緒表達習慣。

　　孟凡是學生，性情暴戾，心情稍微不好，就會毆打其他學生。同學們因為懼怕孟凡的暴力行為而不敢靠近他、招惹他，使得孟凡變得更為猖狂。

　　某年夏天，孟凡偷偷溜出校門買菸，被校長發現，想開除他。孟凡一氣之下動手打了校長。孟凡的班導見狀，趕緊打電話叫來孟凡的父親，孟凡的父親因為擔心孟凡會被學校開除，當著校長的面毒打了孟凡一頓，想讓他給校長道歉。孟凡本就心情不好，再加上父親這一頓毒打，實在心中煩悶，就跑出了校門。

　　剛好校門口有一群混混，看到一個學生模樣的男生跑了出去，就想著要點錢來花，拿著小刀對著孟凡走了過去。孟凡心中正是怒火衝衝，對方剛剛掏出小刀要恐嚇孟凡，就被孟凡那雙凶目震懾住了。不過想起自己這方人多，而孟凡只有一個

人，幾個小混混還是壯著膽子走了過去，其中一個說道：「小子，拿點錢給大哥買菸抽吧。」孟凡低沉的回了句：「別煩我！」幾個人呈包圍趨勢把孟凡圍在中間，小混混的老大一把拉住孟凡的衣領，剛要動手打人，卻被孟凡捅了一刀，倒在了血泊之中，其他幾個人見狀立刻跑了。

員警帶走了孟凡，他悔恨不已，父親也萬分懊惱。如果不是自己平時亂發脾氣的行為感染了兒子，兒子怎麼會有今天？

如果孟凡的父親懂得用委婉的言語勸說兒子，而不是用暴力行為壓抑兒子的情緒，那孟凡也不至於走到這一步。

研究表明，兒童時期是否具有情緒調整能力，關係著孩子日後生活中是否能取得成功、獲得快樂。

在成長過程中，孩子能否學會管理自己的情緒關係著他的人生能否幸福。實際上，孩子每天的生活中都包含著快樂、挫折、悔恨、孤單等感覺，有的孩子稍微受到挫折就會非常難過，習慣透過暴力的方式發洩情緒，不但會使他人感到困擾，還會影響自身人際關係。孩子有這樣的表現多是因為他們不知道怎樣表達、分享自己的感受。那麼家長應該怎麼幫助孩子管理情緒呢？

教孩子認識情緒

首先，家長應當教孩子認識自己的感覺，這是進行情緒管理的重要步驟。孩子了解到自己此時的心情，才能找出出現負

面情緒的原因，思索怎樣去處理。父母可以在自己或孩子心情不佳時，引導孩子知道「我不開心」「我焦慮、緊張」「媽媽心情煩悶」等。還可透過遊戲的方式教孩子認識情緒，比如：為孩子做情緒圖卡片、表情圖案等，這些都能夠讓孩子進一步學習到多種情緒。

教孩子說出感覺

日常生活中，家長可以多與孩子交流，或是詢問孩子「你為什麼這麼開心」「你為什麼如此難過」「什麼事讓你這麼生氣」等問題，或是透過講故事、編故事、角色扮演等遊戲教孩子疏導情緒。有時候，可以透過交換日記、寫紙條等方式講述出令人開心的事情。這樣，孩子就能逐漸掌握情緒，透過適當的方式表達出自己的心情。

教孩子疏導不良情緒

孩子發怒或不開心時，父母千萬不能因此遷怒孩子，說出「再鬧我就打你」「你這孩子怎麼這麼不聽話」之類的話語，因為這樣說不但不能幫孩子調整情緒，還會讓孩子不知道怎樣疏導不良情緒。父母應當利用這些機會教孩子調整不良情緒，引導孩子發洩出不良情緒。

教孩子透過語言發洩怒氣

研究表明，語言發展較好的孩子，遭受的挫折感相對少

些，因為這些孩子懂得如何用言語表達需求，更容易被滿足。並且，當他們說出自己生氣難過的誘因時，不但能夠很好的發洩出自己的情緒，還可以獲得他人的理解、安慰。父母可以在孩子生氣、難過時教他們透過語言而不是肢體發洩怒氣。

教孩子換個思維從負面情緒中走出來

如果孩子陷入某種負面情緒之中，通常是「想不開」導致的。這時，父母不妨帶著孩子想些好事，或引導孩子發現事情並沒有那麼糟糕。孩子可以學習到如何透過不同角度、不同方向去思考問題，也就能夠及時想辦法解決困難了。

出去和其他小朋友開開心心的玩樂是孩子緩解壓力的常用方法。家長可以教孩子做體操，或認真的畫圖、放聲歌唱，這些都能夠幫助孩子緩解緊張情緒。

教孩子換個角度看自己

孩子心情不好或是遇到挫折時，容易對自己產生負面看法，認為自己非常差勁，此時，父母應當提醒孩子，他曾在某方面表現得非常出色，孩子回憶起曾經成功的經驗時就會變得自信滿滿，相信自己能夠克服困難，更願意接受挑戰。

幫助孩子建立自信心

自信能夠讓孩子更易獲得快樂，家長應當多鼓勵、讚美孩子，提升孩子的獨立性和進取心。孩子的成長並非一帆風順

的，會呈現出波浪式上升趨勢。孩子的情緒發展也是同樣的道理。家長看到孩子情緒波動較大、無理取鬧時，應當多理解他們，教他們調整情緒。心態健康、情緒良好的孩子在未來的生活中更易獲得幸福、成功。家長應當盡早關心孩子的情緒，同時幫助孩子調整不良情緒。

幫助孩子培養自尊心

自尊是幼兒心理健康成長的重要指標，它的發展受父母、老師、環境等因素的影響。培養孩子的自尊心是教育孩子的過程中不容小覷的問題，可為孩子健康、快樂的成長打基礎。

自尊心是孩子的精神、人格脊梁，不管別人對自己的看法，不懂別人的眼神，不會用心研究人群行為規則，這個孩子就無法尋求他人的尊重、認可，這樣一來，也就不會有進取之心了。

父母懂得尊重孩子，那麼孩子就會尊重自己，同時尊重他人。

現實生活中，家長將大部分精力放到孩子的學習上面，一味的督促孩子學習、輔導孩子的作業，其實，這樣做有悖教育的最初原則。所謂教育，最主要的其實是教孩子如何做人，教孩子如何培養自尊心、責任心、自信心、積極進取心、好習慣等，這些都是孩子成長道路上的支柱。

　　孩子只有建立起自尊心，才可逐漸建立起自立精神。每個孩子的自尊心都應當從小培養，家長是孩子的啟蒙老師，首先要做的就是培養孩子的自尊心。

　　一天下午，媽媽下班回家，看到李然正趴在桌子上畫畫，作業一個字都沒寫。媽媽非常生氣，剛要走過去訓斥李然，卻看到李然畫得好像是「我們這一家」。雖然畫工非常粗糙，可卻有幾分新意，於是，媽媽改變了最初的想法，走到李然身後，看著他正在畫的畫問：「這幅畫畫得真好，畫的是我們這一家嗎？」

　　李然的反應很快，他覺察到媽媽並沒有責備他的意思，回應道：「媽媽，我用了一個上午才畫好這幅畫，您看畫得像不像？」

　　媽媽回答說：「嗯，很像，畫得很好，媽媽很欣慰。」李然聽到媽媽這麼說，非常開心。媽媽看到已經達到了預期效果，話鋒一轉，親切的對李然說：「如果我的兒子可以將作業一起完成，媽媽會更欣慰的。」

　　這時，李然才意識到自己的作業還沒做完，感到很慚愧。

　　教育的目的無非是讓孩子進步，做正確的事，避免做錯誤的事。李然的媽媽看到李然在畫畫時如果立即訓斥他，不但會打消他畫畫的積極性，還會傷害他的自尊心，讓他產生反向心理，更加不願意去寫作業了。媽媽的做法既表揚了李然的畫

技，又在不傷害其自尊心的前提下提醒他去寫作業，可以說是「一舉兩得」。有句古話「人前教子」，但現代教育中並不推崇這種教育方法，因為大人有自尊心，孩子也有自尊心，需要被尊重、呵護。

那麼，培養孩子的自尊心都應當從哪些方面入手呢？

尊重孩子

首先，家長應當改變與孩子說話的口氣，其次，應當改變與孩子說話的方式。另一方面，應當教育孩子將自己當成另外一個人去尊重，也就是自尊。只有那些尊重、認可、喜歡自己的孩子才能對自身產生價值感。雖然孩子的年紀還小，但研究表明，孩子從三歲左右開始就萌發了自尊心。不能認為孩子小，家長就可以任意妄為。對孩子，家長應當講信用。日常生活中，多對孩子微笑，時刻關心孩子在做什麼。

信任孩子

要培養孩子的自尊心，家長應當信任孩子，首先要信任孩子的話。不信任會對孩子幼小的心靈造成傷害。

和孩子平等對話、溝通

孩子最大的痛苦就是不能享受和大人的平等待遇，可卻在能力上要求與大人一樣做事情。孩子眼中的世界與家長眼中的世界是完全不同的，成年人蹲下來和孩子進行平等對話、溝

通，對孩子來說無比幸福。

父母的態度很重要

父母對孩子的態度決定著孩子的行為方向。如果父母認為孩子非常優秀，同時對其進行培養，那麼孩子就會按照父母的希望被培養為優秀的人。由此可見，孩子優秀與否，與家長的態度有密切關係。

保全孩子的「面子」

家長總是覺得孩子的「面子」是「不值錢」的。實際上，如果從生命的最初狀態開始就沒有「面子」，那麼孩子的自尊心也就無從談及了。很多家長認為孩子年紀還小，根本不懂何為面子。實際上，從孩子還不能開口說話時就已經有「面子」了，因此，家長應當避免在不自覺的情況下傷孩子的「面子」。

教育孩子尊重他人

一個人如果不懂得尊重他人，那麼他的自尊也是無從談及的。家長應當以身作則，透過親身示範的方式教育孩子尊重他人。實際上，培養孩子尊重他人就是在培養孩子的自我意識，這種意識是孩子走向成功的基礎。

確定孩子的優點

在孩子的幼小心靈中，並不知道自己行不行，孩子的能力

潛藏在體內，等待著開發。家長如果一味的盯著孩子身上的缺點、批評孩子，孩子的自尊心就會受挫。實際上，孩子的成長是個不斷吸收的過程，需要家長不斷對孩子滲透自己的觀點。肯定孩子身上的優點是培養孩子自尊心的重點。

表揚孩子取得的成績

這是教育孩子的根本，表揚孩子，其實就是希望孩子朝著好的方向發展。如果你將孩子推到與自己希望相反的方向，無異於在毀孩子前程。

正確對待孩子的錯誤

每個人都會犯錯誤，孩子也不例外。家長應當注意，如果孩子犯的不是品格上的錯誤，就可以被容忍。如果犯的是品格上的錯誤，如撒謊、偷竊等，應當嚴厲批評。因為必要的批評、慎重的處罰，是培養孩子自尊心的重要手段。它能夠讓孩子冷靜的思考自己的言行，及時糾正自己的錯誤行為。

準確評價孩子

由於孩子的年齡尚小，評價能力較差，所以家長、老師等對孩子的評價影響很大。家長對孩子的評價應當客觀公正，既不能過高，也不能過低，對孩子取得的任何成績，都應當及時進行表揚和鼓勵。可能這些對成年人來說微乎其微，但對於孩子來說卻足以建立自信心。

培養孩子的堅強意志

在某些父母眼中，只要孩子的學業成績好就一定能成才。實際上，這種觀點是片面的，究竟什麼能夠決定孩子命運？從心理學角度上說，人的性格由四部分構成：對現實對自己的態度、意志、情緒、理智，它們組成整體，就形成了性格。而意志有著非常重要的作用，既能夠調控態度，又可以調控情緒，同時保證、促進理智的發揮。

何為意志？意志就是指人們為了達到某種目的，在行動的過程中克服困難、挫折時表現出的心理過程。堅強的意志指人們面對困難、挫折時表現出的不低頭、努力克服、堅持到底的心理過程。

堅強的意志能夠為人們提供強大的動力，能夠幫助人們克服各種困難、挫折，進而取得事業上的成功。

然而，意志力並非與生俱來的，要依靠後天教育培養。孩子在幼兒期、小學低年級階段會表現出意志力；到了三四年級後，意志力迅速發展，因此，家長和老師應當注意從小培養孩子的意志力。

有句古話「三歲看小，七歲看老」，從中我們能看出，培養孩子必須從小開始。不從小誘導孩子獨立完成某些事情，孩子長大之後就會畏懼困難、性格怯懦、膽小怕事、沒有鬥爭性。

第十章　培養孩子的堅強意志

周麗娟從小嬌生慣養，身體稍微有點不適，爸爸媽媽就會急得不知所措。直到她上小學五年級時，爸爸媽媽對她還是嬌慣依舊，有時候甚至替她撒謊。

麗娟為了不想跑步，每天撒謊說自己頭疼、腰疼、腳疼。媽媽因為心疼女兒，甚至打電話替她請病假。老師觀察周麗娟一段時間，發現她的身體狀況並不比其他同學差，也常常與其他小朋友嬉戲打鬧。

一次課間，老師叫來張麗娟，親切的詢問她不願意跑步的原因。麗娟回答道：「跑步太累了，還會出一身汗，很不舒服，而且媽媽也說，跑步和課業之間沒什麼關聯，跑不跑都可以。」老師笑著告訴麗娟：「其實，跑步不但能夠鍛鍊身體，還可鍛鍊堅強的意志。而且，在課間跑跑步，能夠提升我們的體能狀態，對下一節課的學習大有幫助。」麗娟聽了老師的話後覺得很慚愧，從那之後，她再也不以生病為藉口了。

現實生活中，像周麗娟這樣的孩子不在少數，他們總是認為自己不能勝任班級幹部的職位、不能承擔發生事件的後果，甚至認為鍛鍊身體會累垮自己……

孩子出現上述狀況，與家長的教育是脫不了關係的。如果家長從小培養孩子堅強的意志力，孩子就會變得更加強大，不管是進入學校，還是進入社會，都能夠應付得頭頭是道。

那麼家長應當怎樣培養孩子的堅強意志呢？

讓孩子接觸勇敢的人

喜歡模仿是孩子的顯著特點，如果你的孩子性格軟弱，不妨讓他經常與膽子比較大的孩子在一起，做些平時不敢做的事情，久而久之，孩子的膽量就能得到鍛鍊，就會變得勇敢、堅強。

日常薰陶不可少

父母、老師應當注意日常生活中多對孩子進行意志力教育，給孩子講一些道理，讓孩子明白，堅強意志對一個人來說尤為重要。可以透過現實生活、歷史故事等對孩子進行教育，讓孩子從小認識偉人、名人，了解其偉大功績。家長可以陪孩子看些偉人、名人劇，對於那些孩子不懂的部分，家長可以予以解釋，並對其進行評價，談談主人公成功、失敗的地方。這不但能夠豐富孩子的業餘生活，還能夠在無形中影響孩子的靈魂。久而久之，孩子就能夠從中受薰陶、受感染，慢慢樹立起學習榜樣，同時有意識的進行實踐，進而培養出頑強意志。

幫孩子樹立遠大理想

理想就是奮鬥目標，指引著前進的方向，是人的精神支柱、前進動力。只有樹立遠大理想後才能激發出強烈的熱情，充分發揮主觀能動性，衝破各種阻力、障礙，實現夢想，讓自己的人生更加輝煌。

　　有句古話「有志者事竟成」，因此，家長想培養孩子成才，一定要對其進行理想教育。孩子也會為了實現理想而磨練意志力。

　　父母或老師可以先引導孩子樹立適宜的奮鬥目標，每個人的志向都是不同的，家長或老師不能妄自為孩子定目標。其次，家長或老師應當指導孩子確定目標，目標不能太高，否則，實現的過程中困難重重會導致孩子喪失信心；目標太低，很難激勵孩子。最後，家長或老師應當指導孩子將大目標分成階段性短期目標來實現。長期目標透過實現短期目標的方法落實。只有長期目標卻無短期目標即為空想。家長或老師應當鼓勵、監督孩子完成每個短期目標，這樣一來，孩子才可以逐漸靠近理想。

　　對於孩子來說，樹立遠大理想很容易，但如何實現卻不是件簡單的事情。邁向理想的道路困難重重，布滿挫折和困難，只有依靠堅忍不拔的精神才能實現理想。在實現理想的過程中，很多孩子會有所動搖。這時，家長或老師應當對其進行引導、鼓勵，促進孩子繼續走下去，使孩子的理想更為科學、堅定。

從身邊的小事開始教育孩子

　　事情從小到大、由易而難，是磨練孩子堅強意志的最佳方法。有的孩子志向遠大，但卻認為小事不足以放在心上，要做

就做大事，想著「一口吃個大胖子」的美事，這樣的孩子大都會碰壁。很多事業有成者年輕之時都磨練過自己的意志。

孩子的年紀小，意志力非常薄弱，只有從小事做起，一步一腳印的走下去才能成為意志堅強的人。

生活中，家長應當鼓勵孩子下決心戰勝自己。比如：孩子常常因為貪玩而完不成作業，家長就要提醒孩子下決定完成當天的作業；如果孩子喜歡把事情拖到第二天、第三天……甚至更長時間之後再做，家長應當鼓勵孩子當天的任務當天完成，做不完今天的事就不能睡覺；如果孩子想成為鋼琴家，練習鋼琴的時候卻三心二意，或者「三天打魚兩天晒網」，那麼家長應當給孩子制定目標，要求他每天專心致志練習多長時間……

等到孩子養成良好的做事習慣，家長或老師可以不定期監督孩子，讓他堅持這個習慣。

鼓勵、幫助孩子走出困難

遇到挫折是難免的，家長應當教孩子一些解決問題的方法。但有些時候，因為孩子的意志尚薄弱，不能獨自面對一些問題、挫折，家長或老師應予以適當的幫助。

對於尚未經歷過世事的孩子來說，生活、學習上遭遇困難和挫折是難免的，此時，身邊人的鼓勵非常重要。孩子只要鼓起勇氣面對困難，意志就會如同鋼鐵一般堅韌。

如果孩子深陷困難或挫折中，鼓勵無法讓孩子及時振作起

來，家長或老師應當幫助孩子分析原因，透過適當的方法幫助孩子走出困境。當然了，家長或老師不能代替孩子解決問題，以免喪失磨練孩子的大好時機。這樣等到走出困境後，孩子才會發現世界的光明與美好。

讓孩子參加體力勞動或體能鍛鍊

體力勞動、體能鍛鍊等，不但能提升孩子的體質，還能磨練人的意志，吃苦耐勞的品格就會由其而生。讓孩子參加體能鍛鍊或體力勞動應當深入一些，堅持一段時間就能鍛鍊其意志力。那些怕苦怕累的孩子意志大都不堅定。因此，家長或老師應當想辦法讓孩子進行深入體力勞動或體能鍛鍊。

第十一章
培養孩子的競爭力

培養孩子挑戰自我的精神

競爭力是社會進步的動力，如果沒有競爭，孩子就不會有前進的動力。現在，市場經濟在不斷發展，全球經濟一體化加速，社會變革也跟著提速，人與人之間的較量越來越突出。家長應當從小教孩子如何面對競爭，這樣孩子長大之後才能更好的把握機會，走向成功。

競爭是一個人與生俱來的特性。科學研究表明：三～三點五歲的孩子就已經顯現出競爭意識了，會不斷的與人進行比較，不斷評價自己和別人。比如：誰吃得多，誰跑得快，誰回答問題的次數最多等，雖然這些比較在大人眼中沒什麼意義，但這卻是孩子競爭意識的表現，孩子在與人比較中強化自我意識，提升競爭力，所以，父母千萬不要禁止孩子與人競爭，因為缺乏競爭力的孩子不知道怎麼在生活中有所擔當。

孩子的競爭意識應當透過正面教育去培養。日常生活、學習中培養出良好習慣，形成較強的競爭力。培養孩子的競爭意識、競爭力是家庭教育中的重要內容，應當讓孩子學會競爭。家長應當鼓勵孩子去爭取，發揮孩子的主動性，充分發揮孩子身上的潛能。

高全是個活潑可愛的男孩兒，他三歲左右時，經常在家裡上竄下跳，可爸爸媽媽從來沒有刻意阻止過他。一次，高全

在沙發上又蹦又跳，還試圖從沙發邁到茶几上，一不留神，從沙發摔到了地上，頭上摔出個大包，爸爸媽媽並沒有因此指責他，只是囑咐他下次小心一點。

今年，高全已經七歲了。冬天時，公園的湖面結了冰，看到很多小朋友在公園裡滑冰，高全也想買雙溜冰鞋，爸爸毫不猶豫就答應了他。可是他去溜冰時，卻發現學滑冰非常辛苦。一天下來不知道摔了多少次，他突然有些後悔，想放棄，可看到冰面上瀟灑溜冰的其他人時，又有些不忍離去。爸爸似乎看出了高全的心思。鼓勵道：「男子漢應當有不服輸的精神，既然做了選擇，就要繼續奮鬥下去。」爸爸的話語激發了高全的鬥志。第二天天剛亮，高全又到公園練習溜冰了。剛開始滑冰確實有一定的危險性，可這些危險無非是摔傷、擦傷，只要做好安全措施，並不會威脅生命。父母應當鼓勵孩子進行這樣的運動，激發孩子挑戰自我的決心。因為只有勇於挑戰自我的孩子，才擁有戰勝一切困難的決心和堅忍不拔的意志。

不過在此提醒家長注意，孩子在與人競爭時，不能懷有不良心態，比如：家長給孩子買來了最新的權威複習資料，孩子想帶到學校去，媽媽卻說：「不能帶到學校去，讓同學們看到，你還怎麼超越他們啊？」媽媽的這種心態對孩子的影響是非常不好的。孩子會變得世俗，不利於孩子建立良好的人際關係。

培養孩子的競爭力並不是讓孩子一味的去競爭。雖然競爭

是孩子成長、進步的表現，可如果每件事、每時每刻都在競爭，則過猶不及。競爭是把雙刃劍，一味競爭，孩子就會形成「好鬥」性格，其他孩子不願意去接近他。

父母應當讓孩子明白，競爭和狹隘、自私是不同的，應當擁有廣闊的胸襟；競爭也不意味著陰險、狡詐、算計他人，而是應當齊頭並進，用實力去超越他人；父母應當向孩子強調合作精神的重要性，競爭和協作應當同時進行，沒有良好的協作精神、團體觀念是難以獲得成功的。

孩子應當擁有自己的夢想

我們也曾有過年少時期，曾有過美麗夢想，但年紀大了之後，那些夢也逐漸遠去。很多家長坦言，自己一生都沒有過什麼特別成就，如今，將一切寄託到孩子身上，希望他們可以實現自己年輕之時實現不了的夢想。還有很多父母，正透過實際行動圓孩子的夢。

在這個充滿競爭的社會中，想提高孩子的競爭能力，首先要做的就是讓孩子擁有自己的夢想，因為只有有了夢想，孩子才會更加奮勇向前，更願意為其付出努力，奮力拚搏。

可是現實生活中，很多家長都希望孩子能夠實現自己當初未完的夢想，一到假期，家長就會急著為孩子報各種補習班，彌補當初自己沒能得到的一切：各種學位、學歷證書等。

夏天剛到，張剛的媽媽就給他報了英語班。整個暑假都已

被安排得滿滿當當，張剛的媽媽卻說：「我以前學的東西太少，英語水準較低，走上社會之後發現很多想做的事受限制。」其實，張剛才剛上一年級，媽媽卻寄予了他很大希望，自己雖然沒什麼出息，但卻要讓孩子給自己打個「翻身仗」。可是很奇怪，媽媽越是這樣用心，張剛的學業成績就越差。張剛的媽媽常常因為他的成績不理想而煩惱。為此，媽媽下了很多功夫，但效果卻並不怎麼好，媽媽說：「為了讓張剛學好英語，我給他報了各種班，還親自去學習英語，回家之後教他英語，檢查他背誦單字，可效果仍然不佳，張剛甚至對我的行為表現得很反感。」

其實，生活中這樣的案例隨處可見。很多父母把希望寄託在孩子身上，卻忽視了孩子自身的理想。試問各位家長，你在讓孩子成為當初你想成為卻未能成為的人時，有沒有問孩子想做什麼？如今，虎父無犬子、子承父業、父析子荷在人們眼中成了理所當然，可是就在這個過程，我們忽視了一件事：孩子是個獨立個體。

一天下午，七歲的劉濤正和媽媽在看電視，突然轉到了魔術節目。看到魔術師「呼風喚雨」的場景，劉濤開心的對媽媽說：「媽媽，魔術真神奇，我要學習變魔術，長大後當個魔術師。」可媽媽卻反駁道：「魔術都是騙人的，課業最重要，你現在要做的就是把練習課業，以後考大學、讀博士，給爸爸媽媽

爭光。」聽到媽媽這麼說，劉濤一臉沮喪，不再開口了。

當孩子說出「我長大後要當科學家」「我長大後要到月亮上看看」「我長大後要演電影」等話時，家長不要認為孩子在「胡言亂語」，應當鼓勵孩子去實現夢想。其實，每個孩子都有自己的夢想，雖然有時會有些不著邊際，可孩子談及自己的夢想時卻非常開心。

調查發現，孩子的夢想如同做夢，會隨著時間的推移而發生變化，但在追求夢想的過程中孩子會產生愉悅感，那是很多外界事物代替不了的。家長應當鼓勵孩子的夢想，幫孩子獲得更多喜悅，之後設法誘導孩子努力的意願。只知道表明自己的想法會摧殘孩子的心靈，使得孩子的自信受挫。

雖然父母將希望寄託在孩子身上沒什麼可非議的，但若是將夢想強加到孩子身上，強加的夢想又非孩子興趣所在，那麼就很容易在無形之中走到死路中。

每個人的成長過程中都會留下未能實現的目標，若是父母把孩子看成自己生命的延續，將自己的理想寄託到他身上，孩子就會成為父母成功道路上的替代品，從而喪失自我。有些孩子會產生反向心理，最終引發「希望越大失望越大」的結局。實際上，每個孩子都有自己的夢想，而興趣是他最好的老師。可是現在的家長都有個通病，習慣強迫孩子學習自己不喜歡的課程，可能很長時間過去了，卻仍舊沒有什麼成效。實際上，

家長在孩子成長、發育的過程中把孩子看成了獨立個體，尊重孩子的獨特性能夠激發孩子的興趣，讓孩子健康快樂的多元成長。家長應當多鼓勵孩子的夢想，切忌打壓孩子，幫孩子將夢想化為具體，逐漸付諸實踐，用開放心態幫助孩子理性思考，同時勇於奮鬥，為實現夢想而努力奮鬥。

對孩子的進步予以鼓勵

讚揚能夠提升孩子的自信心，有利於意志鍛鍊，尤其對於孩子來說，家長更應當注意在孩子活動的過程中，對其取得的點滴進步予以適時而又適度的肯定、讚賞，溫柔的笑臉、親切的撫摸、友好的合作，都能夠極大的鼓舞孩子。

可以這麼說，兩個能力相當的人，如果一個人受的鼓勵比另一個多，那麼他在競爭的過程中就又多了一分優勢，成功的概率也就更大一分！

張怡今年三歲半，剛剛上小班，可是她並不適應幼稚園的生活，經常哭鬧。雖然老師想了很多方法幫助她適應幼稚園的生活，但效果都不是很好。

張怡每次到幼稚園後都會哭上一小時，一直喊著「爺爺，奶奶」，還沒放學，張怡就哭著鬧著要爺爺、奶奶來接她，老師們也沒什麼好辦法解決這個問題，就主動和張怡的父母聯繫，才知道張怡的父母平時很忙，張怡一直由爺爺奶奶帶著。老人

年紀大了，做事常常力不從心，只要孩子沒受傷，他們就覺得任務完成了。孩子常常自己待在家裡玩，爺爺奶奶很少帶他出去，時間一長，他們發現孩子性格內向，不願意與人交流，看到陌生人或遇到陌生的事情時，就會大喊「爺爺、奶奶」。

　　老師認識到了問題的嚴重性，知道一直這樣下去對他的成長不利。再去幼稚園時，老師決定多給她一些關心。等到爺爺奶奶送張怡到幼稚園時，老師就會張怡說：「今天張怡真棒，不哭不鬧，老師為你感到驕傲！」張怡聽到老師這麼說，真的沒有哭鬧。上課後，老師提出了一個問題，孩子們爭著舉手，張怡也舉起了手，老師剛一看她，她又嚇得把手縮了回來。老師走到張怡面前，問她：「你想回答問題？」張怡點了點頭，老師立刻鼓勵道：「今天張怡最棒，是個愛積極回答問題的好孩子！」張怡聽到老師這麼說，勇敢的站起來回答了老師的問題，同學和老師一起為張怡鼓掌。從那之後，張怡在幼稚園再也沒有哭鬧過。

　　從這件事中我們能夠看出，孩子是需要鼓勵、表揚的，得到老師的肯定、鼓勵對孩子的進步來說有至關重要的作用。

　　孩子都有共同的心理特徵 —— 喜歡被人稱讚、鼓勵，不喜歡被禁止、阻撓、批評。所以，家長應當對孩子進行積極鼓勵。不管是什麼樣的人，受鼓勵改過都非常容易，而受責罵改過卻很難。特別是對於孩子來說，喜歡聽好話，卻不喜歡

聽惡言。

當孩子遇到困難、障礙時，不能急著幫助孩子，應當鼓勵孩子克服困難，孩子透過自己的努力獲得成功時，父母應當予以讚揚，讓孩子有意志去強化正面力量。

有時，孩子做事不容易看出成效，此時，父母應當耐心對待，切忌急於求成，應當不斷鼓勵孩子去堅持，即使孩子並沒有取得任何成就。

日常生活中，做每件事都需要付出一定時間。父母不應當對孩子寄予過高期望，不能期望孩子短時間內獲得巨大成就。看到孩子稍有進步時，就要及時對其進行鼓勵。

鼓勵孩子的過程中，有三個要點需要注意：

注意孩子的天生感悟力

不要總以為孩子的年紀小就什麼都看不出來，實際上，人的感情、社交能力都是與生俱來的。可能孩子今天還不會說話，但他卻能夠透過言語、表情感覺到憂傷、喜悅，比如：笑臉、快速而高昂的聲音通常代表快樂情緒。當家長鼓勵孩子時，孩子會感受到快樂。

透過多元化的表達方式

孩子的年紀越小，家長的鼓勵方式就越要多元化，這樣孩子才可以從感官上最大限度接受鼓勵。家長鼓勵孩子的方式很

多，包括鼓掌、擁抱、微笑等，也可以用言語來表達，如「你太優秀了」「我為你驕傲」等，將動作與言語結合在一起，效果更佳，孩子能夠感受到更大的鼓勵。

鼓勵應當發自內心

鼓勵雖然不會花費什麼，但是切記，鼓勵、讚美必須從內心發出，是真誠的。不停的鼓勵並不一定全是正向、積極的，甚至會讓孩子懷疑、不信任家長。

培養孩子的規則意識

日常生活中，無論是在學校，還是職場，都要遵守一定的規則。大人們要遵守一定的規則才能在這個社會中更好的生活下去，孩子們也是如此。古語云：「無規矩不成方圓。」沒有良好的規則意識，孩子在做事時就會任意妄為，這樣不但不利於孩子做好事情，還可能會讓孩子做錯很多事情。

從孩子出生開始，家長就應當培養孩子的規則意識。每個孩子都應當生活在不超越底線的自由狀態裡。但對於孩子們來說，他們很難自覺遵守規則，他們的身上常常出現思想和行為脫節，家長應當採取一些行之有效的方法幫助孩子提升規則意識，形成規則行為。

一天早上，當孩子們陸續走進幼稚園開始做遊戲時，陸路

故意將很多彩色紙片撒到地上，同時發出怪叫聲，引來許多孩子的關心。老師看到了這種現象，並沒有當即責備陸路，而是撫摸著在一旁安安靜靜進行桌面遊戲的趙雲海，微笑的說：「大家看，雲海做遊戲時多安靜，他用彩紙拼出來的圖案多漂亮啊！」孩子們的目光立刻就轉移到了趙雲海身上。這時，老師突然注意到，琪琪正在撿地上的紙片，老師立刻表揚：「琪琪真是個愛勞動的孩子，大家快看，琪琪將地上的彩色紙片撿起來了。」老師的話剛說完，就有很多同學參與到了撿紙片的行列之中。

老師透過榜樣示範的方法，為孩子們提供了具體的行為標準，不但讓孩子掌握了相關的行為規範，還提高了孩子的規則意識。如果父母們在日常生活中可以抓住時機對孩子進行規則教育，創造出類似的情景，不但能夠提升孩子的規則意識，還能夠幫助孩子養成規則行為。

那麼怎樣培養孩子的規則意識呢？

讓孩子有限選擇

有限選擇的方法能夠有效培養孩子的規則意識，孩子如果不想在房間裡待著，可以帶著孩子去看書、畫畫等，而不是問孩子「接下來我們做什麼」，因為這種問法會讓孩子進入到無法控制的規則外，將孩子必須做到的事定做規定，在此範圍內為孩子設定幾個選擇，不管孩子做出什麼樣的行為都在規則內，

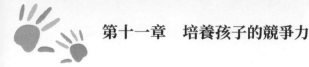

這樣一來就能夠自然的接受規則了。

塑造好家長的形象

家長的形象對子女的教育來說至關重要。我們常常聽到這樣的話「孩子是父母的影子」，父母的言行舉止都會成為孩子模仿的內容。在家庭中，很多習慣都會影響到孩子，比如作息時間、衛生習慣、禮貌等。家長要求孩子做的事情，自己應當先做好，以身作則，進而影響孩子。

家長應避免在孩子面前居高臨下

不要總認為家長說的話是權威的、不可改變的，家長也是有缺點的，也會說錯話，家長對孩子的尊重應當落在實處，扮演好知心角色、傾訴對象。雖然我們已經是成年人，可是我們並不是完人，說錯話、做錯事時要勇於承認。如果孩子的觀點正確，應當尊重孩子的意見，說起來似乎容易得很，可做起來卻難上加難。

家長應當及時鼓勵、表揚孩子

表揚、鼓勵的形式多種多樣，不但要滿足孩子的物質需求，還應當透過微笑、點頭、臉部表情等，對某個行為表示贊同。父母間的教育應當達成一致，方法可以多樣化，但是要求、觀念、目標要一致。

適當採用自然懲罰法

規則意識的形成可能需要付出一定代價，讓孩子適當接受自然懲罰非常重要，不過懲罰要有限度，還應當同說理、引導結合在一起，讓孩子感覺到父母的愛。對孩子講述道理的同時注入自己慈母或慈父之情，同時告訴孩子這樣做可能導致的後果，孩子就能夠從中感悟，逐漸懂事。

如果孩子上課時不遵守課堂紀律，不認真聽講，家長可以同老師配合，讓孩子每天放學後靜坐十鐘，集中注意力，反思自己一天之中的課堂表現。之後家長同孩子交流，肯定孩子坐得好的時候，讓孩子每天上課時都像坐得好的時候那樣，集中精神聽講。

培養執行規則的技能

有時候，孩子具備規則意識，可仍然經常違規，比如：孩子上課時明明可以認真聽講，卻因為想畫畫而分心，那麼，家長就應當培養孩子集中精力做事的能力，告訴孩子，無論正在做什麼事，都必須集中精力，而不是三心二意。孩子穿衣服、盥洗的動作太慢，家長應當培養孩子的自理能力，找出能夠迅速做好事情的方法、規律，讓孩子再次應對這些事情時得心應手，速度大升。

家長對孩子要加強引導

家長應當多為孩子講規則的用處，讓孩子明白，規則到處都存在，一定的規則可以讓人們更好的生活，家長應當告訴孩子不遵守規則可能導致的後果，將規則正規化。當然了，規則意識的養成並非一朝一夕的事情，是非界限也不是整齊劃一的。家長應當在生活情境中幫孩子逐漸形成明確、統一、靈活、可持續發展的規則意識，讓孩子的個性、社會性相得益彰，讓孩子擁有幸福感。

培養孩子的總結、反思能力

一個人，如果不具備總結和反思的能力，那麼就很難進步。而總結和反思的能力並不是與生俱來的，需要後天培養獲得。

英國著名小說家狄更斯的作品非常出色，但他卻有個規定，沒有認真檢查過的內容不會輕易讀給大眾聽。每天，他都會將寫好的內容仔細的讀一遍，以便發現其中的不足之處；而後不斷改正，最後再讀給大眾聽。

古代的明帝李世民曾經說過：「以銅為鏡可以正衣冠，以古為鏡可以知興替，以人為鏡可以明得失。」思考與總結就像一對孿生兄弟，互相依存。善於思考的人通常也都善於總結，而善

於總結的人必定勤於思考。堅持思考、總結，不但能夠提升自身素養、工作能力，還可提升應變能力。

　　善於自省的人通常能夠及時發現自身的優缺點，進而揚長避短，盡可能的發揮出自己的潛能。不自省的人通常自以為是，重複犯相同的錯誤，所以很難發揮出最大潛能。

　　一個人，只有不斷的自省，找出自身的缺點、不足，之後及時改正，用追求完美的態度去做每件事，才能在不斷反省中不斷進步，走向成功。

　　自我反省是孩子成長道路上的重要內容，不會自我反省的孩子是長不大的，孩子可以透過反省及時改正錯誤，不斷調整精神資訊系統接受信號的靈敏度、準確度，確保資訊系統不紊亂。懂得自我反省的孩子就相當於掌握了自我完善、健康成長的方法。

　　高同今年七歲了，一次，和小朋友一起玩樂時，因為搶著玩一個玩具，高同將小板凳砸在了小朋友的頭上，鮮血瞬間流了下來。那個小朋友哇哇大哭，高同也嚇壞了，哭著跑到媽媽身邊。媽媽沒有責備高同，而是帶著高同和那個小朋友一起去了醫院。醫師給那位小朋友包紮好傷口後，媽媽又和高同一起把那位小朋友送回了家，並誠心誠意給孩子的媽媽道歉。

　　回家之後，媽媽還是沒說什麼，為高同準備晚餐。晚餐做好後，高同卻還待在房間裡。媽媽走到高同的房間問道：「為什

麼不出去吃飯？」高同回答：「媽媽，那個小朋友傷得嚴不嚴重？如果他不搶我的玩具，我不會用板凳砸他的，我不知道會流血。」說到這裡，高同又哽咽起來，顯然還是在害怕自己今天的行為。媽媽對高同說：「你應該好好想想，為什麼會出這樣的結果，如果媽媽也像你這樣處理問題，結果會怎樣呢？應該懂得和其他小朋友分享自己的玩具，這樣不但不會發生這種現象，你們還會相處得很融洽呢。」聽完媽媽的話，高同擦乾眼淚，和媽媽一起出去吃飯了。從那之後，無論和小朋友間發生什麼樣的矛盾，他再也沒有動手與人打過架，每次都會找到最佳的途徑解決問題。

下面就來為家長們介紹一下培養孩子總結、反思能力的方法：

教會孩子接受批評

每個人都喜歡聽表揚的話，孩子更是如此，不喜歡聽批評的話。要知道，僅僅給予表揚是不利於孩子成長的，哪怕是古代的明君李世民，也要有房玄齡這樣的忠臣在一旁進諫言才可以。父母在肯定孩子好的一面的同時，還應當注意批評孩子做得不好的方面，當然了，批評的語氣應盡量溫和、中肯。父母應當告訴孩子，接受他人批評時應當認真、心態平和，對於孩子的過失，父母應當鼓勵其及時改正，而孩子做得好的方面要給予勉勵。

　　但是，很多父母在批評孩子時常常自行推斷，這樣做是不對的，應當給孩子解釋的機會。讓孩子對自己的行為做出解釋，利於父母全面了解事情真相，父母可以引導孩子進行反思。比如：今天為什麼跟其他小朋友發生衝突，自己什麼地方做錯了？在此提醒父母，一定要允許孩子做解釋，而不是教孩子推卸責任。

孩子做錯事，要勇於承擔後果

　　很多父母不積極的引導孩子預見後果，甚至替孩子承擔做錯事的後果，殊不知這樣做對孩子的健康成長非常不利，不但讓孩子喪失了責任心，還會導致孩子不反省自身錯誤，幾次三番犯同樣的錯誤。因為孩子心裡明白，父母會為自己「買單」，犯錯誤不會對自己產生任何負面影響。等到父母不能為孩子買單時，孩子就會無藥可救。明智的父母是不會替孩子承擔後果的，他們會讓孩子為自己做錯的事情負責。

讓孩子學會總結經驗教訓

　　總結經驗教訓其實就是在對自我行為的反思，等到孩子感受到行動和結果間的某種關係後，通常會想一想再採取行動。孩子會對自己的行為做個預先評價，看看結果是否能在預料之中，如果結果和自己所想相同，他會繼續做下去；如果結果和自己所想不同，他會總結經驗教訓，調整想法，這同樣是一個

人做事的反應機制。比如：孩子習慣於和長輩要錢買自己喜歡的東西，父母應當及時制止，告訴他這種做法是不對的，下次不能再這樣做了。這樣一來，孩子再想和長輩要錢時，就會反思一下，自己這樣做爸爸媽媽會不會不開心？自己真的缺零用錢嗎？

這時，父母不要將自己的觀念強加給孩子，應當引導孩子去總結，父母不能這樣說孩子：「不是跟你說過不能和爺爺奶奶要零用錢嗎？怎麼這麼不聽話！」這種語氣會加強孩子的反向心理，應該對孩子說：「你好好想一想，媽媽為什麼不讓你和爺爺奶奶要零用錢，那套彩筆真的有必要買嗎？媽媽之前給你買的彩筆才剛剛開封，不是嗎？彩筆是用來畫畫的，而不是用來擺著的，一套顏色齊全的彩筆足夠你畫出五顏六色的圖案了。」家長用這種語氣和孩子對話，孩子更容易接受。

如果孩子學會了如何總結經驗教訓，他也就學會了如何進行反思，這對孩子的人生來說非常有幫助。

積極引導孩子反思

孩子的認知能力、辨別能力、自制力相對較弱，很容易犯錯誤。家長發現孩子犯錯誤時，不要直接指出事情真相，也不可直接教育孩子，應當先將事情放到一邊，冷靜的處理問題。父母在對待孩子的問題時應當表現得沉靜，讓孩子透過父母的態度意識到自己犯了錯，這種冷處理的方法可以為孩子提供思

考的機會。一段時間之後，父母可以抓住適當的機會教育孩子，這樣孩子接受起來也比較容易。

電子書購買

國家圖書館出版品預行編目資料

他還小, 不懂事？放手讓孩子練習選擇, 並為自己的選擇負責 / 周雲煒著 . -- 第一版 . -- 臺北市 : 崧燁文化事業有限公司 , 2022.02
面； 公分
POD 版
ISBN 978-626-332-004-8(平裝)
1.CST: 親職教育 2.CST: 子女教育
528.2　　110021609

他還小，不懂事？放手讓孩子練習選擇，並為自己的選擇負責

臉書

作　　　者：周雲煒
發 行 人：黃振庭
出 版 者：崧燁文化事業有限公司
發 行 者：崧燁文化事業有限公司
E - m a i l：sonbookservice@gmail.com
粉 絲 頁：https://www.facebook.com/sonbookss/
網　　　址：https://sonbook.net/
地　　　址：台北市中正區重慶南路一段六十一號八樓 815 室
Rm. 815, 8F., No.61, Sec. 1, Chongqing S. Rd., Zhongzheng Dist., Taipei City 100, Taiwan
電　　　話：(02)2370-3310　　傳　　　真：(02) 2388-1990
印　　　刷：京峯彩色印刷有限公司（京峰數位）

定　　　價：370 元
發行日期：2022 年 02 月第一版
◎本書以 POD 印製